La France
vue par Emmanuel Macron

La collection *Mikrós essai*
est dirigée par Jean Viard

L'ensemble de ces textes a été publié
par *Le 1*, *Zadig* et *Légende*.
www.le1hebdo.fr

ISBN 978-2-8159-4888-3

La France
vue par Emmanuel Macron

éditions de l'aube

I.
J'ai rencontré Paul Ricœur qui m'a rééduqué sur le plan philosophique[1]

1. *Le 1* n° 64, 8 juillet 2015, « Macron, un philosophe en politique ».

On connaît votre intérêt pour la philosophie. Comment est venue cette appétence, depuis quand? Ce sont des rencontres, des lectures?

Elle n'a pas de genèse identifiée. Je crois que j'ai aimé la chose publique avant d'aimer la philosophie. Ma première approche de la philosophie, ce sont des lectures. J'ai d'abord emprunté des chemins buissonniers – Marcel Conche [philosophe né en 1922] a fait partie de mes premières lectures; j'ai reçu ensuite, en classes préparatoires, un enseignement très classique.

Je suis vraiment entré dans la philosophie par Kant, le premier philosophe qui m'ait marqué, avec Aristote. Ce n'est pas très original! Je lui dois beaucoup de mes moments d'émotion philosophique, ainsi qu'à son traducteur Alexis

Philonenko, qui a écrit un magnifique commentaire de son œuvre. Je ne sais pas si cela se lit toujours… J'ai passé beaucoup de temps à lire Kant, Aristote, Descartes. Ce refuge intellectuel, cette possibilité de se représenter le monde, de lui donner un sens à travers un prisme différent, ont été importants. J'ai ensuite découvert Hegel, sur lequel j'ai fait mon DEA.

Avez-vous été marqué par un professeur ?

Celui qui m'a beaucoup inspiré, c'est Étienne Balibar. J'ai suivi ses cours, qui étaient des exercices philosophiques assez uniques. Véritable puits de science, il dépliait un concept pendant deux heures. Au cours suivant, pour reprendre le fil, il se lançait généralement dans une introduction qui durait une heure et demie et qui consistait à revisiter le cours d'avant. J'ai suivi son enseignement pendant trois ou quatre ans, et rédigé sous sa direction un travail sur Machiavel. C'est à ce moment que j'ai abandonné la métaphysique pour la philosophie politique.

Vous vous destiniez à une carrière...

Pas du tout ! C'était par goût de comprendre les choses, cela me permettait de rapprocher l'espace théorique philosophique et le réel. La philosophie politique vise en effet à mettre en tension le réel avec des concepts, à l'éclairer grâce à leur lumière.

Le réel ?

Quand on lit Aristote, on comprend que la philosophie repose d'abord sur un rapport au réel. Vous y trouvez une taxinomie, de la botanique... Chez Descartes, c'est pareil. Il y a toujours un rapport au réel qui est très fort, y compris chez les métaphysiciens. C'est Hegel qui disait que l'exercice philosophique indispensable, chaque matin, c'était la lecture du journal.

La prière de l'homme moderne...

Exactement ! J'ai ensuite rencontré Paul Ricœur [1913-2005], qui m'a rééduqué sur le plan philosophique.

Rééduqué ?

Oui ! Parce que je suis reparti de zéro… La première fois que je l'ai vu, je ne l'avais encore jamais lu. J'avais la liberté des ignorants et donc je n'étais pas intimidé. Je lui ai parlé comme à un contemporain, alors qu'il souffrait justement du sentiment d'être traité comme une icône. Notre première rencontre a duré plusieurs heures et il m'a tendu à la fin un manuscrit de cinquante pages : la première conférence qu'il avait faite pour *La Mémoire, l'Histoire, l'Oubli*. Je lui ai rendu le texte avec des annotations. J'étais complètement incompétent, mais il a fait comme si de rien n'était : il m'a répondu. C'est comme cela que les choses se sont engagées. Avec lui, j'ai lu ou relu de la philosophie antique. Il avait sur ce sujet un recul exceptionnel, dû au fait de l'avoir étudiée et enseignée pendant un demi-siècle. J'allais tous les matins chez lui, aux Murs Blancs, et nous lisions ensemble. Il lisait tous les matins, où qu'il se trouve, même en voyage. L'après-midi était consacré à l'écriture.

Avec le recul, comment définiriez-vous son apport ?

Chez Ricœur, il y a trois apports conceptuels qui sont très forts. D'abord, une pensée de la représentation en politique, qu'il a analysée sous toutes ses formes. Ensuite, c'est l'un de ceux qui ont pensé de la manière la plus profonde le sujet de la violence et du mal en politique. Il a marqué le courant de l'antitotalitarisme. On l'a trop oublié… Enfin, c'est l'un des philosophes d'Europe continentale qui a le plus pensé la philosophie délibérative. Il a réfléchi sur la possibilité de construire une action qui ne soit pas verticale (c'est-à-dire qui ne soit pas prise dans une relation de pouvoir), mais qui échappe dans le même temps aux allers-retours permanents de la délibération.

Cette réflexion d'ensemble est très ancrée dans sa culture protestante, car il était arrivé à la philosophie par l'herméneutique, par la lecture des textes religieux et philosophiques. C'est ce qui lui a donné son immense liberté. Il a montré qu'il n'est pas besoin d'être un expert pour réfléchir sur tel ou tel sujet : il suffit de savoir lire un texte. C'est sa méthode. C'est comme cela qu'il a écrit de manière lumineuse sur la psychanalyse, par exemple. C'est une des choses qu'il m'a le plus apportées. C'est aussi une culture politique.

Comment cela, une culture politique ?

Cela veut dire : tout élément versé dans le débat public est critiquable si on l'attaque au fond. Paul Ricœur a dressé une voie parallèle à celle que notre vie politique et philosophique a portée depuis trente ans. C'est l'autre voie de 1968. Derrière Mai 68, il y avait un mouvement de déconstruction par rapport à l'autorité. Lui a constamment revisité les choses en marge des structuralistes et des soixante-huitards, en se situant uniquement par rapport aux textes et dans une forme de recherche de la vérité en politique. En acceptant qu'il puisse y avoir une polyphonie ou une pluralité des interprétations.

Faut-il pour autant faire le deuil de la vérité en politique ?

Non, car la vérité est toujours une quête, un travail de recherche, et c'est fondamental. C'est ce qui permet à la politique délibérative d'échapper au nihilisme et à toute forme de cynisme. Cela revient à dire que la vérité unique, avec la violence qu'elle implique, n'est pas une voie de sortie. Mais il y a des recherches de vérité et, justement, une forme de délibération permanente que vient contrarier la prise de décision.

Toute la difficulté du politique aujourd'hui réside dans ce paradoxe entre la demande permanente de délibération, qui s'inscrit dans un temps long, et l'urgence de la décision. La seule façon de s'en sortir consiste à articuler une très grande transparence horizontale, nécessaire à la délibération, et à recourir à des rapports plus verticaux, nécessaires à la décision. Sinon, c'est soit l'autoritarisme, soit l'inaction politique.

S'il n'y a pas une vérité unique en politique pour Ricœur, il y a pourtant un mal, un mal spécifiquement politique et constitutif de l'exercice du pouvoir.

Ce mal est l'action humaine avec ce qu'elle a d'irréductible. Ricœur pense la dimension tragique de l'action politique, étant très marqué par le deuxième conflit mondial. Le mal, pour lui, est un objet politique, mais aussi moral et métaphysique. Il faut d'abord reconnaître ce mal, et c'est ce qu'il propose de faire avec le concept d'« impardonnable ». Toute la difficulté consiste ensuite à déterminer si celui-ci est unique, comme la Shoah, ou s'il peut prendre plusieurs visages.

Personnellement, je pense qu'il y a plusieurs impardonnables. Le défi, c'est d'arriver à reconstruire après l'émergence du mal. C'est tout le travail qui a été fait en Afrique du Sud, après la période de l'apartheid, avec la commission Vérité et Réconciliation [CVR] présidée par l'archevêque anglican Desmond Tutu. Ce fut un vrai travail politique : on nomme le mal et on pardonne. C'est le principe même de l'amnistie : à un moment, on décide d'« oublier ».

Vous évoquiez tout à l'heure l'importance de laisser un espace à la vérité, ou aux vérités, et d'éviter le cynisme. Est-ce une boussole pour votre action ?

Oui. Je crois à l'idéologie politique. L'idéologie, c'est une construction intellectuelle qui éclaire le réel en lui donnant un sens, et qui donne ainsi une direction à votre action. C'est un travail de formalisation du réel. L'animal politique a besoin de donner du sens à son action. Cette idéologie doit être prise dans une technique délibérative, se confronter sans cesse au réel, s'adapter, revisiter en permanence ses principes. Je pense que l'action politique ne peut pas se construire dans une vérité unique ni dans une espèce de relativisme absolu, qui est une tendance de l'époque. Or ce n'est pas vrai. Il y a des vérités, des contrevérités, il y a des choses que l'on peut remettre en cause. Toutes les idées ne se valent pas !

Peut-il y avoir un conflit entre l'idéologie qu'on s'est forgée et celle de son parti, à laquelle il faut souscrire ?

Il y aurait conflit, si les partis avaient une idéologie.

Ils n'en ont pas ?

Non. Les partis ne vivent plus sur une base idéologique. Ils vivent sur une base d'appartenance et sur la rémanence rétinienne de quelques idées. Qu'est-ce que signifie être… « Républicains » aujourd'hui – cela fait bizarre à dire, non ? Avoir une carte et payer sa cotisation, adhérer à des hommes aussi. Être en accord avec un corpus idéologique composé de beaucoup de malentendus, dans un moment où les idées ont été largement abandonnées par les partis politiques. Ce qui explique qu'ils mobilisent moins.

Était-ce déjà le cas lorsque vous avez adhéré, à l'âge de 24 ans, au parti socialiste ?

C'était déjà le cas. C'est le cas depuis plusieurs décennies. Ce qui est étrange aujourd'hui, c'est que l'espace de débat critique est mis de côté. Les intellectuels se sont repliés dans le champ universitaire et se sont spécialisés dans leur discipline. Les politiques, eux, se sont reconcentrés sur les valeurs, c'est-à-dire sur un rapport beaucoup plus émotionnel aux choses et plus suiviste de l'opinion.

Le politique n'est plus pensé aujourd'hui ?

On a énormément de mal à rehausser le politique au niveau de la pensée. Il est saisissant de voir que, dans le moment que nous vivons, on pense si peu l'État. Nous restons dans une approche très régalienne. Le réduire à cette dimension régalienne n'est pas suffisant. Il faut élargir la réflexion sur le rôle que doit avoir l'État dans le temps, dans ses territoires, dans la régulation sociale. Comment reconstruire notre imaginaire politique et notre régulation sociale à la lumière de ce que sont notre économie et notre société ? Le travail reste à faire.

Voyez-vous une incompatibilité entre la lecture, la réflexion et l'activité politique, qui suppose une certaine urgence de l'action ? Faut-il inviter les philosophes au pouvoir ?

Pour ma part, je n'ai jamais cru à l'application pratique de la théorie du philosophe-roi. Mais je pense qu'il doit exister plus d'échanges, de passages, de traductions entre la philosophie et la politique. L'idéologie, c'est exactement cela : un travail de traduction, né de la nécessité de transmettre et de faire circuler d'un espace à l'autre. Il faut donc des concepts de passage. Ce n'est jamais parfait. C'est comme la lecture de la traduction française d'un texte anglais : ce n'est pas exactement l'original mais un travail intellectuel a été accompli, qui permet de comprendre et fait toucher du doigt cet autre espace imaginaire et esthétique. C'est la même chose en politique : si on laisse les philosophes dans leur espace et les politiques dans le leur, on manque cette interface de traduction qu'est l'idéologie. C'est le rôle des revues, des intellectuels, que d'occuper cet interstice. Leur travail doit se propager. Mais la question est d'abord de savoir sur quel concept idéologique refonder l'action politique. Il faut franchir ces étapes, tracer des chemins de traverse. Des gens comme Jürgen Habermas [philosophe allemand né en 1929] ou Étienne Balibar jouent ce rôle !

Précisément, quel temps réservez-vous à la lecture ?

Je mentirais si je prétendais arriver à lire tous les jours. Mais ce qui me rassure, c'est qu'il ne se passe pas un jour sans que cela me manque. Le temps que je peux consacrer à la lecture varie selon l'actualité mais, comme l'écriture ou les échanges, il est indispensable. Sans ces espaces de respiration, l'épuisement vient très vite. L'action politique est en effet d'une nature autosuffisante, de l'ordre du divertissement pascalien : une fois que c'est fait, c'est fait. Mais c'est une fuite. Quant à la parole médiatique, c'est la nourriture donnée à un monstre qui n'arrête jamais. Il considère au début que cette parole est intéressante. Puis il en demande davantage. Il prend ce que vous lui donnez, jusqu'au moment où il vous rejette, considérant qu'il a tout entendu et que vous n'avez plus rien à livrer. C'est pourquoi l'action politique se construit aussi par des périodes de parenthèse, de retrait vis-à-vis de l'action. Elles sont importantes. C'est pourquoi je ne crois ni à la transparence complète ni à l'agitation absolue, qui constituent deux grandes faiblesses du moment politique actuel.

La politique et la pensée politique se construisent dans les plis, pour reprendre une formule de Gilles Deleuze [1925-1995]. Les plis de la vie sont les moments où il y a une forme d'opacité assumée. C'est une bonne chose parce qu'on se construit dans l'obscurité. On peut lire, réfléchir, penser à autre chose, être plus en recul, c'est une nécessité. De la même façon, dans la construction d'un intellectuel, il doit y avoir des moments de frottements avec le réel qui peuvent se faire par le compagnonnage politique. C'est ce qu'a fait Paul Ricœur en accompagnant Michel Rocard un moment. Il faut articuler la pensée et l'action.

Comment y parvenir concrètement ?

D'abord en lisant. J'essaie de me tenir au courant de ce qui est publié en philosophie politique. En essayant d'écrire aussi. Et puis en discutant, et c'est pourquoi je sollicite régulièrement des intellectuels qui pensent la chose publique, comme Olivier Mongin [directeur de la rédaction d'*Esprit* de 1988 à 2012]. Ils mettent des mots sur les décalages entre la légitimité démocratique et la capacité réelle, ressentie, à construire une action. Aujourd'hui, le processus démocratique est remis en cause.

Comment le réinventer ?

En proposant. Les gens protestent parce qu'il y a un vide. La démocratie s'incarne toujours de manière imparfaite, à des moments historiques, dans des formes plus ou moins violentes et antagonistes. La République française est une forme d'incarnation démocratique avec un contenu, une représentation symbolique et imaginaire qui crée une adhésion collective. Or on peut adhérer à la

République. Mais personne n'adhère à la démocratie. Sauf ceux qui ne l'ont pas. La vraie difficulté aujourd'hui, c'est que le concept est vide et laisse place à des prurits identitaires toujours plus forts : les Bonnets Rouges en Bretagne, les zadistes à Notre-Dame-des-Landes ou ailleurs. Ce sont des mouvements d'identification.

La démocratie est-elle forcément déceptive ?

La démocratie comporte toujours une forme d'incomplétude, car elle ne se suffit pas à elle-même. Il y a, dans le processus démocratique et dans son fonctionnement, un absent. Dans la politique française, cet absent est la figure du Roi, dont je pense fondamentalement que le peuple français n'a pas voulu la mort. La Terreur a creusé un vide émotionnel, imaginaire, collectif : le Roi n'est plus là ! On a essayé ensuite de réinvestir ce vide, d'y placer d'autres figures : ce sont les moments napoléonien et gaulliste, notamment. Le reste du temps, la démocratie française ne remplit pas l'espace. On le voit bien avec l'interrogation permanente sur la figure présidentielle, qui vaut depuis le départ du général de Gaulle. Après lui, la normalisation de la figure présidentielle a réinstallé un siège vide au cœur de la vie politique. Pourtant, ce qu'on attend du président de la République, c'est qu'il occupe cette fonction. Tout s'est construit sur ce malentendu.

Qu'est-ce qui manque à la démocratie, de nos jours ?

Nous vivons un moment de tâtonnement démocratique. La forme démocratique est tellement pure et procédurale sur le plan théorique qu'elle a besoin d'incarnation momentanée : elle doit accepter des impuretés si elle veut trouver une forme concrète d'existence. C'est la grande difficulté. Nous avons une préférence pour les principes et la procédure démocratiques plutôt que pour le leadership. Et une préférence pour la procédure délibérative postmoderne plutôt que pour la confrontation des idées au réel. Or, si l'on veut stabiliser la vie politique et la sortir de la situation névrotique actuelle, il faut, tout en gardant l'équilibre délibératif, accepter un peu plus de verticalité. Pour cela, il faut proposer des idées.

Si l'on est en capacité, grâce à des propositions, d'expliquer vers quelle société on veut aller, c'est-à-dire vers une République plus contractuelle et plus européenne, inscrite dans la mondialisation avec des formes de régulation qui correspondent à la fois à notre histoire et à nos souhaits collectifs, alors on peut mobiliser.

À l'inverse, si l'on ne propose rien et qu'on se contente de réagir au fil de l'eau, on se retrouve en situation de faiblesse. Si l'on installe l'idée que toutes les paroles se valent, et si l'action politique se construit uniquement dans les équilibres à trouver entre ces paroles, on tue alors la possibilité d'emmener nos concitoyens vers une destination identifiée. C'est l'immobilisme.

La philosophie est-elle nécessaire à l'action ?

Elle aide à construire. Elle donne du sens à ce qui n'est, sinon, qu'un magma d'actes et de prises de parole. C'est une discipline qui ne vaut rien sans la confrontation au réel. Et le réel ne vaut rien sans la capacité qu'elle offre de remonter au concept. Il faut donc accepter de vivre dans une zone intermédiaire faite d'impuretés, où vous n'êtes jamais un assez bon penseur pour le philosophe, et toujours perçu comme trop abstrait pour affronter le réel. Il faut être dans cet entre-deux. Je crois que c'est là l'espace du politique.

Quelles leçons gardez-vous de Paul Ricœur dans l'exercice de votre charge ?

D'abord, toujours conserver de la liberté par rapport à ce qui est dit, écrit ou affirmé. Ricœur, c'est la discipline. Celle de reprendre tous les matins son crayon, sa page, et de se demander comment on peut réinventer ce qu'on a écrit, le revisiter, le redire autrement. Cette herméneutique permanente m'apporte beaucoup. J'ai également appris de Ricœur en creux, à propos des événements de Mai 68, qu'il avait vécus comme professeur à la faculté de Nanterre. Il était très malheureux de tout ce qu'il n'avait pas dit et des décisions qu'il n'avait pas prises durant cette période. La leçon que j'en ai tirée est qu'il y a un besoin de dire, d'affirmer les choses, et qu'il faut céder à ce besoin. L'erreur de beaucoup a été de se laisser intimider par la brutalité du moment, d'accepter de ne pas dire et de ne pas agir. C'est Ricœur qui m'a poussé à faire de la politique, parce que lui-même n'en avait pas fait.

Il m'a fait comprendre que l'exigence du quotidien qui va avec la politique est d'accepter le geste imparfait. Qu'il faut dire pour avancer. C'est une forme d'affranchissement par rapport à la philosophie : on bascule dans le temps politique en acceptant l'imperfection du moment.

Propos recueillis par Éric Fottorino, Laurent Greilsamer et Adèle Van Reeth

II.
Il est urgent de réconcilier les France

1. *Le 1* n° 121, 13 septembre 2016, « Que pense vraiment Macron ».

À quelle condition serez-vous candidat à l'élection présidentielle ?

Je ne vois pas de condition extérieure à ma candidature. Quand on croit à la révolution du système, on ne lui paie pas son tribut. C'est la lucidité. Je crois dans la transformation du pays et dans les idées de progrès. Je crois en la capacité à convaincre sur le discours d'explication et de pédagogie. En notre capacité à faire advenir cette nouvelle offre politique dans toutes ses composantes. Car mon seul objectif est de refonder l'offre politique autour du progressisme, et donc d'un projet cohérent, clair et exigeant, et de tout faire pour que ce projet l'emporte et puisse refonder la France.

À votre départ de Bercy, vous avez insisté sur les graves blocages de la société française. Quels sont-ils ?

Les principaux blocages de notre société viennent des corporatismes, des corps intermédiaires et du système politique. Pour autant, je ne suis pas l'ennemi des corps intermédiaires. Ils sont nécessaires pour structurer la société. Les critiquer m'a valu l'accusation d'être populiste comme Marine Le Pen.

Si parler au peuple ou dire que les corps intermédiaires ne jouent plus leur rôle, c'est être populiste, alors je veux bien être populiste ! Les corps intermédiaires doivent être réinterrogés dans leur fonction. Ils ont un rôle à jouer dans la structuration de notre démocratie. De ce point de vue, les maires et les associations ont un rôle clé, car ils ont une légitimité d'action.

Pouvez-vous préciser quels sont ces corporatismes que vous évoquez ?

Ce sont des morceaux de la société qui se sont organisés pour défendre leurs intérêts. Nous sommes revenus avant la loi Le Chapelier [loi du 14 juin 1971 mettant fin aux dérives corporatistes de l'Ancien Régime]. Des professions ont créé des barrières à l'accès des plus jeunes. L'élite politique, administrative et économique a développé un corporatisme de classe. Comme l'avait vu Bourdieu, elle l'a ordonnancé par des concours, des modes d'accès, des connivences qu'elle a en son sein et qui empêchent l'accès aux plus hautes responsabilités. Notre société n'est pas la plus inégalitaire, mais elle est l'une des plus immobiles. L'absence de mobilité sociale nourrit la défiance, un sentiment que le corporatisme bloque tout, et crée du désespoir en bloquant les perspectives individuelles et en brisant le rêve d'émancipation qui est une respiration formidable dans la société.

Vous n'épargnez ni les syndicats ni les partis…

Certains syndicats sont en train de se réinventer en appréhendant les changements en cours et le nouveau rôle qu'ils doivent assumer. Mais, dans la plupart des cas, syndicats et partis défendent les intérêts de ceux qui sont dans le système. Par ces corporatismes, nous avons recréé de l'immobilité sociale, de la défiance démocratique et de l'inefficacité d'action. Un de nos défis est de passer d'une société de statuts à une société de la mobilité et de la reconnaissance, où chacun occupe une place différente – je suis contre l'égalitarisme, qui est une promesse intenable –, où chacun doit être reconnu pour son rôle singulier et sa valeur, qui n'est pas forcément monétaire.

Le cœur de la politique doit être l'accès. L'accès à la mobilité, notamment. La mobilité physique est loin d'être anecdotique. C'est de la politique. Avec les nouvelles lignes de cars, on est passé de 110 000 usagers à 4 millions par an. Cette réforme symbolique a cassé une des barrières entre les *insiders* et les *outsiders*. La banlieue, quand on n'a pas de voiture, c'est très loin de Paris. Passer le permis coûte cher, prend du temps. Quand l'accès à la voiture est impossible, cela signifie que l'est aussi l'accès au travail, aux loisirs, à une certaine vie sociale ou amoureuse. Il est décisif de désenclaver des pans entiers de notre territoire.

Je pense également à l'accès à la culture, au savoir, par l'école. Notre système scolaire reste celui qui, parmi les pays développés, assigne le plus d'individus à leur condition sociale d'origine. L'accès au savoir est encore très injuste, comme l'est l'accès à la réussite professionnelle. Toutes les politiques d'accès, donc de libération, sont des politiques de justice sociale.

Pour bousculer le système, que faut-il combattre ?

Le fatalisme et la défiance. Le fatalisme, c'est penser qu'il n'existe pas d'alternative dans le système politique, seulement des alternances. Notre système politique, nous avons décidé qu'il était confisqué par des appareils qui décident pour nous, qui font le filtre, d'où mon scepticisme pour les primaires. Ce fatalisme est terrible, car il nourrit la désaffection vis-à-vis du politique, le scepticisme et l'entre-soi. Il conduit à faire des carrières longues, à avoir un rapport patrimonial à la vie politique. Et à accepter à certaines périodes, comme le fait à tort une partie de la gauche française, la défaite élégante pour préserver l'appareil politique, et ensuite revenir. C'est inacceptable pour qui aime son pays et les idées.

Quant à la défiance, le plus grand tabou est de ne pas nommer, de ne pas expliquer. Je l'ai vécu quand j'ai parlé d'« illettrisme », ou encore de l'argent et de l'enrichissement pendant la vie. Cette notion d'enrichissement est un tabou français, un traumatisme lié à notre histoire. Dans notre pays, on pense régler le mal en ne le nommant pas ou en le contournant sur le plan langagier. Je suis très camusien. Je pense qu'on ajoute à la misère du monde en nommant mal les choses. Il faut le soleil blanc de *L'Étranger* pour les éclairer, voire les révéler dans leur brutalité. Il faut dire nos échecs et nommer nos tabous.

Ce qui a disparu du champ politique, c'est l'explication. On est entré dans une société de l'action et de la réaction. On pense qu'il faut une réaction instrumentale pour réagir aux événements : un décret, une loi, une modification de la Constitution… La politique, c'est de l'agir, mais aussi du dire. Si on ne déplie pas les problèmes, l'action ne porte pas. Elle a un son mat, elle ne vibre pas dans le corps social, elle manque de portance. Le rôle du politique, c'est d'expliquer, de porter une idéologie au sens noble du terme, une vision commune du pays, des valeurs. Il y a un décalogue républicain à rebâtir, un socle de ces valeurs qui ne sont pas qu'une série de rites ou de petits actes. Je veux tenir cette discipline et je la tiendrai : quand je refuse le simplisme sur la question des 35 heures ou de l'ISF, quand je ne participe pas à un débat à mon sens réducteur, on nous reproche de ne pas faire de politique mais d'esquiver. Non ! Ces sujets sont-ils le cœur du problème de notre pays ? Pas du tout ! Ils doivent s'inscrire dans une approche plus large. Nous devons avoir une vision cohérente et organique de nombre de ces problèmes.

Quel est alors, selon vous, le cœur du problème français ?

C'est le rapport au travail, à l'argent, à l'innovation, à la mondialisation, à l'Europe, aux inégalités. Ce sont les nœuds gordiens du pays. Prenons le travail : le camp du progrès – la gauche – s'est construit pour protéger l'individu au travail, surtout quand il était pénible. Mais le chômage de masse nous fait vivre une expérience inédite, où l'éloignement du travail est une réduction de l'être social. Le camp du progrès doit donc être celui du travail, qui est la seule voie de l'émancipation. Il faut inventer les formes, les souplesses pour que chacun puisse trouver sa place dans le système. Il faut retrouver le sens de la valeur du travail et de l'engagement.

Le rapport aux inégalités est aussi un tabou français. Face à un capitalisme industriel structuré, le camp du progrès s'est construit contre les inégalités en voulant rétablir, par la fiscalité et des mesures correctives, une plus grande égalité. Dans un monde ouvert, dans une économie d'innovation aux cycles courts, il est impossible de procéder ainsi. Sinon les talents partent. C'est une égalité des opportunités et des accès qu'il faut rétablir, qui permette à chacun de se battre dans cet environnement, de protéger les plus faibles et les perdants sans empêcher quiconque de réussir.

En quoi notre rapport à l'innovation est-il problématique ?

Nous sommes dans un pays qui défend trop la rente de situation au détriment de la rente d'innovation. Nous courons donc le risque d'être une nation de simples héritiers plus qu'un pays où coule la sève féconde des innovateurs. Cette attitude est potentiellement éliminatoire dans le monde d'aujourd'hui. L'inventivité de notre pays, son rapport à l'innovation et à la créativité, doivent être convertis économiquement. Relever ce défi suppose de lever quelques tabous, notamment dans le rapport à l'argent. La capacité à accumuler de la rente d'innovation, à s'enrichir pour ceux qui apportent beaucoup, doit être acceptée. La rente de situation, elle, n'est pas acceptable.

Quel élan faut-il insuffler à notre pays ?

La France doit réussir dans la grande transformation du monde en cours, tout en restant fidèle à ce qu'elle est. Il faut retrouver le fil du roman français. Je crois au roman national. Je veux pouvoir expliquer dans les prochaines semaines ce que nous sommes, ce qu'est le pays, refonder notre armature économique, sociale et politique, réinvoquer un discours culturel et intellectuel que l'on a perdu. Je ne crois pas qu'il faille adapter la France au monde. Il faut transformer la France pour qu'elle soit plus forte dans un monde qui bouge, car sa vocation est universaliste. Ne pas suivre le cours du monde, mais être en mesure de le changer si nous sommes suffisamment forts. Le poids militaire et diplomatique qui est le nôtre n'existe pas sans réussite politique.

À quoi tiendrait cette réussite ?

Il est urgent de réconcilier les France : la France souffre d'avoir divisé son histoire et ses populations. Elle s'est séparée. Les gagnants et les perdants de la mondialisation représentent deux France qui s'écartent et ne se parlent plus. L'élite économique considère qu'elle a peu à dire à la France des périphéries, à ceux qui vivent dans l'anxiété. C'est une faute et une erreur, car notre histoire n'est pas dans la séparation. Je crois à la responsabilité morale des élites si on veut reconstruire le rêve français. Au lieu de cela, on voit aussi une France qui se replie dans le fait religieux et identitaire, et la France inquiète des classes moyennes françaises qui se replie dans l'insécurité culturelle.

Pensez-vous qu'on assiste à une montée du fait religieux ?

Le besoin d'absolu qu'ont les hommes traduit une crise de l'anthropologie politique moderne. Les individus en société ont un besoin de spiritualité, de transcendance. Il est normal que les religions prennent cette place. Pour autant, je ne crois pas à la religion républicaine. L'État et la sphère politique ne doivent pas chercher à se substituer au religieux.

Je pense néanmoins que le rôle de l'État est de mettre les religions à la bonne place. Non pas de les neutraliser ou de les appeler à la discrétion, ce qui est intolérable, car c'est l'État qui est laïc, non la société. Mais la puissance publique doit intervenir pour permettre trois choses. D'abord, elle doit garantir l'autonomie de tous les individus. Ceux qui croient comme ceux qui ne croient pas. Cette responsabilité implique que tous les Français souhaitant vivre pleinement leur spiritualité doivent pouvoir le faire librement. En conséquence, l'État doit s'assurer que, partout, dans la société, les règles de la République prévalent sur celles de la religion. Ensuite, l'État doit garantir la bonne cohabitation des religions, qui doivent pouvoir s'exprimer dans le respect l'une de l'autre. Enfin, l'État doit lutter contre les idéologies politiques qui se réclament de la religion et qui promeuvent une vision obscurantiste de la société. L'inquiétude est là. La République doit être intraitable quand des individus utilisent la religion en vue d'exercer une hégémonie politique et sociale sur d'autres, et de changer les règles de la vie en société qui sont celles de la France. Face à ces discours politiques qui se développent, la République doit opposer un autre discours politique. C'est sur ce terrain-là qu'il faut combattre prioritairement.

On vous a peu entendu sur l'affaire du burkini…

Le burkini n'est pas cultuel. C'est culturel, idéologique, politique. Il faut réussir à préserver les libertés individuelles, l'ordre public, mais surtout la juste place de la réponse de l'État. Si nous tombons dans le piège, le risque en retour est de séparer toute une communauté de Français qui existe dans le champ social et politique, qui a sa propre foi, et qui se sentira exclue de par sa foi en raison de notre réponse.

Il était justifié à certains endroits, pour des raisons d'ordre public, d'interdire le burkini. Il est indispensable de mener une bataille politique, idéologique, pour dire que ce vêtement est contraire à l'idée que nous nous faisons de la civilité et de l'égalité entre homme et femme. Il est en même temps indispensable de défendre la liberté individuelle si certains veulent s'habiller d'une certaine façon. C'est une formidable défaite de voir des policiers arriver sur une plage et demander à une femme, au nom de la laïcité, de ne plus porter un burkini. Le but de la laïcité, le projet républicain, c'est de rendre l'individu autonome dans la société et de rendre la société autonome au regard du religieux et du politique. À défendre la laïcité de manière revancharde, certains risquent de la séparer. Quand nous sommes faibles, quand nous acceptons que, pour des raisons religieuses ou politiques, certains ne respectent plus les règles de la République, nous affaiblissons la capacité de celle-ci à maintenir la société dans son ensemble.

Comment redonner confiance aux Français en matière de sécurité ?

C'est un vrai défi, qui n'est pas seulement sécuritaire, mais aussi moral. Il relève du rapport entre la société et le politique. Au premier degré, la réponse concerne les moyens que Nicolas Sarkozy avait affaiblis quand il était en responsabilité. Il faut compter sur la présence militaire et policière, sur le traitement judiciaire de certaines affaires, sur la capacité à sanctionner rapidement. Il faut aussi restaurer deux éléments clés, la fonction de renseignement et celle de prévention. Puis veiller à un troisième bloc essentiel : notre capacité à former des individus dans chaque classe d'âge pour défendre notre collectivité, sans pour autant recréer le service militaire.

Au-delà des réponses en matière de moyens, il faut admettre que nous sommes dans une société du risque. Nous devons faire comprendre à nos concitoyens qu'une société du risque est une société de responsabilité. Il est impossible de promettre que le pire ne reviendra pas, sans pour autant inquiéter ni traumatiser. On doit être transparent sur les responsabilités de chacun. Savoir si on a bien fait les choses après un attentat, d'où l'utilité des commissions parlementaires. Agir avec calme et autorité. L'autorité ne se mesure pas à la magnitude du réflexe sécuritaire. Quand, le 9 décembre 1893, un attentat anarchiste a lieu au Parlement, les parlementaires sont en train de débattre sur le beurre. Juste après l'explosion, et alors que la fumée n'a pas fini de se dissiper, le président de l'Assemblée dit : « La séance continue. Reprenons le débat sur le beurre. » Chaque président de groupe dit : « Oui, reprenons ce débat sur le beurre, parlons du beurre. » La vraie autorité est de ne pas se laisser imposer l'ordre des choses par ceux qui nous assaillent. Ce qui est moral, c'est la capacité des gouvernants à ne pas se laisser dicter leurs décisions par la tyrannie des événements. C'est pour cela que je n'ai pas réagi dans l'immédiateté – ni au débat sur le burkini ni à l'attentat de Nice. Nous sommes tombés dans le gouvernement de l'anecdote ou du fait divers. Or nous devons rester maîtres de nos propres horloges, de nos propres principes, et ne pas en déroger. Si à chaque événement nous devons changer de politique, cela signifie que nous ne sommes pas sûrs de la politique que nous menons. L'autorité n'est pas le diktat impérieux ni les discours revanchards à la télévision. C'est l'intransigeance. Ce sont des décisions graves, et parfois d'une grande brutalité. C'est décider le moment et imprimer le sens de l'action que l'on conduit.

Quel rôle attribuez-vous à l'État ?

Je crois dans la place de l'État. Dans notre histoire, il tient la nation. Il ne faut jamais l'oublier. La nation française s'est construite dans et par l'État. Ce sont des choix de l'État qui ont fait nos frontières, imposé la langue, et tenu le pays. La France est un pays très politique. La nation n'est pas une création spontanée, ni l'agrégation de territoires. Elle n'est pas avant tout un fait social. C'est un fait politique qui passe par l'État. La société s'est ensuite émancipée. Un des grands apports de la Deuxième Gauche est d'avoir reconnu l'autonomie du social.

Je pense toutefois qu'il faut moins d'État dans la société et dans l'économie. À vouloir surréguler, l'État s'est affaibli et s'est transformé en étouffoir. On le voit pour ce qui relève de l'entrepreneuriat. On a longtemps considéré que l'État devait se substituer à la société pour agir et que la norme permettait de protéger le faible, selon la philosophie de Lacordaire. Ce n'est plus vrai dans un monde ouvert. Quand la norme surréglemente, elle entrave. Elle empêche la liberté d'entrer dans nombre de maisons, y compris celles des plus pauvres. Prenez l'exemple des cars. On avait rendu très compliqué leur usage pour protéger le rail. Les principales victimes étaient les plus démunis. Dans la vie économique, l'État norme trop. Je crois qu'il est légitime, dans certains secteurs, de réfléchir à moins d'État, car il est plus efficace et juste de laisser la société respirer, la créativité s'exprimer. Cette vision correspond davantage au type de société et d'économie dans lesquelles nous sommes entrés.

L'État garde un rôle fondamental, avec ses structures protégeant les individus. Je crois qu'il a un rôle encore plus grand à jouer pour apporter les sécurités universelles dans un monde qui change. Il doit aussi intervenir quand il s'agit du nucléaire, de l'approvisionnement énergétique ou de secteurs critiques de notre économie. L'État doit jouer son rôle, assumer les missions de souveraineté et assurer les biens communs indispensables. Nous devons considérer que si nous laissons filer, nous serons dépendants d'autres puissances politiques. Mais l'État est plus efficace s'il sait articuler sa souveraineté avec une vraie souveraineté européenne. Il doit exister une protection à cet échelon. La capacité à transformer le rêve français en rêve européen est fondamentale. Mitterrand a su le faire. Il faut retrouver cette filiation. Nous devons penser la place de l'État à travers l'Europe. C'est un des axes de notre vitalité démocratique.

Justement, qu'en est-il de l'Europe et de la mondialisation ?

Le rapport à l'Europe est essentiel. Les souverainistes se sont construits contre elle. Or, où est la vraie souveraineté française ? Elle est parfois dans le pays. Mais aussi dans l'Europe. La souveraineté numérique, la souveraineté énergétique, la souveraineté face au fait migratoire ou militaire, se gèrent à cette échelle. La France ne gagnera pas contre Google et Facebook; l'Europe, si. Au moins, elle les régulera. Elle pourra être un acteur critique face à la Chine et aux États-Unis. Si on est l'Europe, on peut se battre face au *dumping* chinois dans l'acier, protéger nos populations et nos entreprises. On ne le peut pas si on n'est qu'un pays. Ce paradoxe qui consiste à opposer le souverainisme et l'Europe est aussi un traumatisme français.

La question de la transition énergétique se pose à l'échelle mondiale. Quelles sont ses conséquences sur notre économie ?

Nous vivons une grande révolution à vitesse accélérée. Là où l'énergie, au plan mondial, relevait de la souveraineté, de la verticalité, du fait national hyperconcentré, on assiste à une forte déconcentration. Les nouvelles technologies permettent à un individu de piloter sa consommation et de pratiquer la frugalité énergétique. Chacun va devenir maître de sa consommation. Cette capacité sera facteur à la fois de responsabilité et de compétitivité. La capacité à baisser la consommation par l'innovation, c'est la clé. À mes yeux, on réconcilie ainsi la fonction productive et la préoccupation environnementale. Les énergies renouvelables sont, quant à elles, des fonctions de production de l'énergie très décentralisées, car au plus près du terrain, qu'il s'agisse de l'hydraulique, du solaire ou de l'éolien.

Mais nous devons penser la phase de transition. Elle suppose d'encourager, de fertiliser, d'accélérer cette mise en capacité des individus à choisir leur modèle, tout en préservant les modes souverains de production pour ne pas tomber dans la dépendance. J'ai défendu ce modèle qui met les individus en capacité de produire leur énergie et de la maîtriser. J'ai aussi défendu les grands projets nucléaires du type Hinkley Point, dans le Somerset, car dans l'intervalle, c'est [devenu] un projet indispensable en Europe, sans lequel nous risquons d'accroître notre dépendance à l'égard du gaz russe, à l'égard du gaz de schiste américain, ou encore de technologies américaines et asiatiques, et d'être en conséquence affaiblis sur le plan industriel. Il ne faut pas être binaire. Je n'ai jamais opposé les énergies renouvelables au nucléaire. On doit penser la complémentarité pendant un temps de transition.

Quelle doit être selon vous la place de la France dans le monde ?

Nous sommes dans le monde. Par notre géographie. La France est un des seuls pays présents sur tous les continents. C'est aussi notre histoire coloniale et postcoloniale. Par la langue, la France est un pays-monde. C'est notre statut. Nous avons le monde dans le pays, car la France est une terre d'immigration. Une terre où l'universel s'est pensé, une terre de savoir. C'est très spécifique. Ce n'est le cas ni de la Chine ni des États-Unis. Quand des merveilles du monde sont abattues à Tombouctou, la France réagit. Il y a très peu d'Américains que ces événements touchent. Nous avons cette conscience du monde. C'est aussi l'identité française. Notre histoire est que nous avons le monde dans nos tripes. Nous sommes aussi la nation des droits de l'homme. Oui, nous avons vocation à nous mêler aux affaires de la planète.

Une autre raison pragmatique, à présent, est que le monde se déverse dans chacun de nos pays. On l'a vu avec les réfugiés ou le terrorisme. Tout est poreux, tout se déplace. L'extérieur s'importe dans nos débats politiques, dans notre vie. On ne peut s'en désintéresser. Bien sûr, on ne peut agir seuls. La question est : comment parvenir à retricoter un système multilatéral efficace, aujourd'hui essoufflé à cause du repli des États-Unis sur eux-mêmes, lié au gaz de schiste et aux grands choix géostratégiques de Barack Obama ? Les États-Unis deviennent une puissance de plus en plus tournée vers le Pacifique, de moins en moins vers l'Atlantique, de moins en moins dépendante du Moyen-Orient. Or cette région, avec l'Afrique, est au cœur des intérêts géopolitiques, économiques et commerciaux. Comment retrouver des alliés qui partagent nos valeurs, comme jusque-là les États-Unis ?

L'Europe n'est-elle pas une partie de la solution ?

Nous avons besoin d'une politique européenne plus coordonnée sur les plans de l'humanitaire, de l'aide au développement et de l'intervention commune. Celle-ci reste très faible. Les choses peuvent changer, car l'Allemagne fait son *aggiornamento* depuis la crise des réfugiés. Son évolution progressive est importante. Ce que nous vivons avec la crise des réfugiés est la meilleure preuve que si nous n'avons pas une politique commune pour la protection des frontières, le développement et la politique humanitaire, nous en payons cash les conséquences. Si l'Europe avait été capable de formuler une réponse coordonnée quand on a identifié les problèmes des réfugiés syriens, les premiers camps en Turquie et au Liban, jamais nous n'aurions eu la première route des Balkans et les millions de réfugiés arrivant en Europe. C'est parce que nous n'avons pas su organiser une réponse humanitaire au Liban et en Turquie que nous avons rencontré ce problème. Avec l'Afrique, nous avons ce même défi : la France a un rôle très particulier et doit l'assumer. Je suis pour une vraie politique française de partenariat économique et culturel équilibré. Il faut aider l'Afrique et l'assumer, sans fausse pudeur postcoloniale.

Vous semblez prêt à porter vous-même ce programme.

La seule chose qui m'arrêterait serait de voir qu'à un moment donné, je deviens un danger ou un obstacle pour que les idées que je porte puissent accéder au pouvoir. Tant que ce n'est pas le cas, *sky is the limit*.

Propos recueillis par Éric Fottorino

III.

L'engagé[1]

Éloge de Michel Rocard

1. *Le 1* n° 114, 6 juillet 2016, « Rocard par Rocard ».

Une page d'écriture dit souvent beaucoup d'un être. Michel Rocard avait une écriture claire, formée, un peu anguleuse, qui révélait sa rectitude morale, son ouverture à l'Autre, à l'ailleurs, et son exigence intellectuelle. Sa manière de noircir la page blanche était unique : chaque ligne était plus courte que la précédente, si bien qu'un triangle se dessinait progressivement. Je me suis souvent interrogé sur le sens de ces calligraphies et de ces mises en page. Au fond, elles démontraient que l'extrême régularité l'ennuyait et que Michel Rocard était, avant toute chose, un homme libre. Libre de penser et de faire, s'affranchissant d'un cadre convenu ou trop normé.

Michel Rocard, c'est une histoire d'engagements. De luttes. D'indignations. Une volonté de regarder la vie en face, le réel en face, non seulement pour les décrire, mais surtout pour les changer. N'accepter rien de ce qui était injuste ou convenu. La torture en Algérie, l'étouffement de la société française, la lourdeur de l'État, le réchauffement climatique, la fatigue de l'Europe, l'oubli de l'Afrique.

Ses causes ont été multiples, diverses, et il leur est toujours resté fidèle. Car il ne voulait pas seulement les dénoncer. Il ne voulait pas se servir d'elles. Il voulait les servir pour mieux changer le monde.

Pour moi, Michel Rocard est un exemple. De conviction, d'engagement, d'exigence intellectuelle et d'action.

La France a souvent été injuste avec Michel Rocard. Il a connu des traversées du désert, des déconvenues, des trahisons. Mais il n'a jamais abandonné ses combats, sa famille et ses amis. Ils sont nombreux, celles et ceux qui l'ont accompagné ou servi, et dont il était le point de ralliement, au 266 du boulevard Saint-Germain, et plus largement derrière lui, dans son sillage, dans le droit-fil de ce qu'il représentait. Il a peuplé la vie de beaucoup d'êtres en les unissant autour de combats communs. Il continuera de les peupler, aussi longtemps que vivront ses idées.

Avec Sylvie, ces dernières années, il passait beaucoup de temps avec les nombreux animaux qui avaient fini par prendre possession de leur maison. Je me souviens d'un chat malingre, pour lequel il avait une tendresse particulière. En Inde, il y a quelques années, Michel avait failli mourir. À l'hôpital, ce petit chat lui rendait visite chaque jour à sa fenêtre. Alors, il avait décidé de le ramener en France avec lui. C'était aussi cette générosité fantaisiste, Rocard. Le petit chat continuait à le suivre des yeux par la fenêtre de la maison d'Île-de-France.

Ce matin, il doit chercher, un peu perdu, le regard dans le vide, la présence bienveillante de cet aventurier enthousiaste qui lui avait fait traverser plusieurs continents pour arriver là. Ce matin, nous sommes beaucoup comme lui, un peu perdus, le regard dans le vide.

IV.

Pluriel et solaire[1]

Éloge d'Henry Hermand

1. *Le 1* n° 140, 16 novembre 2016, « Henry Hermand, itinéraire d'un progressiste ».

La première fois que j'ai croisé Henry Hermand, c'était en 2002. J'étais encore élève à l'ENA et j'avais eu l'honneur de servir dans l'Oise, auprès du préfet d'alors, Michel Jau. Le hasard, aidé par des amis communs, nous permit de nous rencontrer. Depuis, nous ne nous sommes plus quittés. Une amitié filiale se noua. Il était là. J'étais là. À chaque étape importante. J'ai connu ses grandes années. À Paris, à Tanger, à Senlis et à Bréhat. Les doutes des moments de transition. L'affaiblissement, insupportable pour lui, qui le cloua sur sa chaise ces derniers mois. Mais durant tout ce temps, il ne changea pas. Il était un caractère. Une force qui va. Un décidé. Il y a dix jours encore, sur son lit d'hôpital, il ne se plaignait pas. Il pensait à la suite. À son organisation, comme il aimait à le dire. À ses choix. Au cours du monde. Je l'ai toujours connu ainsi. Il avait le sens de l'amitié. Avec son épouse Béatrice, c'était en effet toujours les amis qu'ils convoquaient. Gilles Martinet, Michel Rocard, Erik Orsenna, Tahar Ben Jelloun, Henri Moulard, Jacky Lebrun et tant d'autres. C'est une galerie de rencontres généreuses. Le quotidien n'était qu'un prétexte à rassembler les amis. À mener ensemble des combats ou des aventures. Il fut pour moi un ami constant et attentionné. M'aidant alors que je commençais dans la vie. Témoin de notre mariage, avec Brigitte. Toujours présent pour un conseil. Personnage pluriel et solaire, il était tout à la fois entrepreneur, patron de presse, intellectuel et compagnon de route, membre de *think tanks*. Depuis les années Mendès France, ses contributions à la revue *Faire* et ses premiers discours en 1968, il n'avait jamais quitté la scène de l'engagement politique. Certes, il vibrait pour la musique, de la Fondation Cziffra à Senlis – qu'il aida en mémoire de ce pianiste virtuose dont il était un ami proche – jusqu'aux opéras de Paris ou de Venise. Mais, plus que tout, sa passion était la politique. La politique, non. En fait, plutôt la transformation, l'action, les idées, la vie publique. Celle à laquelle il contribuait activement encore avec Terra Nova et *Le 1*. Drôle de vie que celle de cet homme superbe qui, au fond, n'aima pas sa vie. Il aurait voulu, je crois, en avoir mille autres. Il aurait voulu changer le monde. Il est parti sans avoir compris qu'il y contribua et qu'il y contribuera encore.

Pendant un demi-siècle, il fut l'indéfectible compagnon dc routc dc Michel Rocard. Il fut entre nous le passeur. Il l'aida, le conseilla. Toujours lui dit la vérité. Le protégea. L'aima.

Il aimait chez Michel ce goût immodéré de la liberté et cette connaissance encyclopédique du monde. Il en fallait, de la générosité, pour, si longtemps et sans jamais se décourager, œuvrer dans l'ombre ! Il fit de même avec Gilles Martinet, autre compagnon de combat. Jusqu'aux dernières heures. Certains diront qu'Henry fut pour moi un pygmalion. Il était bien trop libre pour prétendre à ce rôle, et moi trop indépendant pour l'admettre. Notre relation fut d'amitié, non d'inféodation. Nos désaccords parfois furent vifs, et nos échanges animés. Mais nous nous rejoignions sur l'essentiel. Aussi, lorsque je créai En Marche, il se passionna pour le mouvement. Il conseillait les plus jeunes militants, les recevait. Avec la même bienveillance qu'il avait eue pour moi, et exerçant la même attraction.

Ses vraies passions, en somme, c'étaient la France et le progressisme. Il avait connu les heures sombres de notre pays, traversé ses crises, lutté contre les totalitarismes. « Tu continues mon combat pour le progressisme », aimait-il à me dire. Il n'y eut pas une semaine, ces derniers mois, où il ne me poussât à monter à l'assaut. C'est cet exemple qui me restera et qui, pour une grande part, m'anime. Par-delà même un attachement personnel dont je porte le deuil, je sais aujourd'hui, sous la lumière obscure de la mort, ce qu'au fond je lui dois : une certaine joie d'être Français et de croire irrésistiblement à l'idée du progrès.

V.
Je n'envisage pas ma vie sans les livres[1]

1. Entretien inédit avec Emmanuel Macron, du 3 février 2017.

Quelle est votre relation aux livres ?

C’est une relation passionnelle et fusionnelle depuis l’enfance. Je n’envisage pas ma vie sans les livres. Ma grand-mère en particulier a très tôt installé dans ma vie la compagnie des livres. Il n’est pas pour moi aujourd’hui de jour sans livre. Mon entourage me reproche même parfois de ne savoir rien offrir d’autre que des livres !

Quelle place occupe la littérature dans votre vie ?

Une place centrale. Car la littérature n’est pas séparée de la vie. Elle n’est pas réservée à quelques moments de loisirs qu’elle meublerait confortablement. La littérature éclaire chacune des situations que nous rencontrons. Elle nomme notre expérience. Elle donne de la substance à nos existences. Mais les livres, bien sûr, ne sont pas seulement des guides de vie. Ils nous mènent sur des chemins qu'on ne connaissait pas. Ils ouvrent des horizons que nous ne soupçonnions pas. La littérature nous rend disponibles à l'émotion du monde.

Avez-vous un goût particulier pour les classiques ? Lesquels ? Que vous apportent-ils ?

Les classiques français comptent beaucoup. J'aime la langue classique et en particulier l'alexandrin, qui devient au XVIIe siècle comme la respiration intime de notre langue. Le vocabulaire des classiques est économe, mais son rythme est d'une subtilité infinie. On atteint alors à une perfection absolue, dont l'exemple même est, pour moi, *Bérénice*, de Racine.

Qu'attendez-vous d'un roman ? Qu'apportent les écrivains aujourd'hui ?

Le roman m'intéresse lorsqu'il possède une dimension picaresque. Lorsqu'il prend en charge la richesse du monde, la variété des émotions, la bigarrure des caractères. Les grands romans sont à la fois comiques, épiques, tragiques – inclassables. Beaucoup d'écrivains d'aujourd'hui répondent à cette attente parce qu'ils sont des consciences ouvertes vers le monde, des esprits amis de la complexité – que l'on pense par exemple à Carlos Fuentes.

Quels sont les derniers livres qui vous ont marqué ?

Dernièrement, *Le Cahier noir*, de Mauriac, et *L'Affaire Vargas*, de Pessoa.

Un auteur et un roman ont-ils marqué votre adolescence, votre jeunesse ?

Oui, indiscutablement Céline et *Voyage au bout de la nuit* : cette lecture, à l'adolescence, fut un choc esthétique et émotionnel très fort. Bardamu ne m'a plus quitté.

Quels personnages de fiction vous inspirent ? Masculin, féminin. Pourquoi ?

J'avoue un faible pour ces héros romantiques que la vie expose à l'inconnu, au danger, aux grands espaces. C'est pourquoi j'aime beaucoup

Fabrice del Dongo, qui se jette sur les routes avec une crâne inconscience. J'aime aussi le René de Chateaubriand.

Pouvez-vous décrire votre bibliothèque, les livres qu'on y trouve ? Les livres qui ne vous quittent jamais, qui vous suivent depuis toujours, et pourquoi ceux-là ?

Ma bibliothèque est dans ma maison du Touquet. Elle répond à un désordre organisé que je suis seul autorisé à modifier. À gauche, on y trouve les livres de ma grand-mère, que j'ai gardés ensemble, sans les remettre dans le lot commun. La lecture et la relecture les ont fatigués, épuisés même, et j'ai pour eux une tendresse particulière. Le reste de la bibliothèque se partage entre essais, livres politiques, livres d'art. Elle comporte aussi une partie commune avec mon épouse, celle des romans. Enfin, une étagère est dédiée aux livres que je lis à mes petits-enfants. Le livre qui ne me quitte jamais, c'est *Les Fleurs du Mal*. Un bréviaire du monde, et de l'âme.

Pouvez-vous citer des romans que vous aimez relire ? Pourquoi ?

« Je ne lis rien, je relis », disait Royer-Collard vieillissant à Alfred de Vigny. Je n'en suis pas encore là, mais en effet j'aime relire : la relecture est souvent plus nourricière encore que la lecture. Je relis *L'Étranger* de Camus, à l'inépuisable brièveté. Je relis les *Feuillets d'Hypnos*. Je relis sans cesse *Le Rouge et le Noir*.

François Mitterrand aimait lire et écrire. Même chef de l'État, il trouvait le temps de lire. Ni Sarkozy ni Hollande ne sont des lecteurs de romans. Est-ce important pour vous de trouver ce temps pour lire ?

Que le temps soit bref ou long, il reste toujours assez de temps pour lire. Et il faut toujours trouver du temps pour lire. Pas un jour ne passe sans que je lise. Ce n'est pas un délassement, c'est un pain quotidien.

Vous avez écrit un roman dans votre jeunesse. Pouvez-vous dire quel est son thème ? Avez-vous été tenté par une aventure littéraire ?

J'ai écrit en effet un roman épique : *Babylone, Babylone*. J'y racontais de manière un peu décalée l'aventure de Hernán Cortés. Il n'a eu qu'une seule lectrice, mon épouse, et n'en aura pas d'autres. La vocation littéraire est évidemment une tentation permanente, mais c'est une vocation dévorante, plus encore sans doute que la politique. Je l'ai mise en sommeil. La vie me dira si elle reprendra à l'avenir le dessus.

Avec quel écrivain aimeriez-vous échanger sur le monde d'aujourd'hui et de demain ?

J'aime la sagesse brève de Pascal Quignard, dont le regard porte loin dans le passé et nous instruit sur notre présent, trop souvent vécu à la surface. J'aurais aimé échanger avec Michel Tournier, dont les livres m'ont tant marqué.

Que représente l'art dans votre vie ?

L'art est la plus belle voie d'accès au monde. Il est la plus haute expression de notre humanité. Il est une transcendance qui nous rassemble. Je songe, en disant cela, aux arts plastiques, bien entendu, mais aussi à la musique, qui est une part essentielle de ma vie.

En quoi la culture permet-elle, à vos yeux, de saisir les mouvements de la société ?

La culture n'est pas un département hermétique de nos vies, elle n'est pas cette tour d'ivoire qu'on aimerait parfois nous présenter, superbement isolée du reste des fluctuations sociales. Elle irrigue notre histoire, nos échanges, elle est le souffle qui nous anime. La culture, c'est la pensée et l'émotion jointes dans la représentation. Aucune activité humaine ne vaut si elle ne porte en elle ce germe de culture, si elle n'est exhaussée par elle. La culture est le seul horizon valable de notre existence.

Propos recueillis par Éric Fottorino

VI.
Un héros français[1]

1. *Le 1*, 22 février 2018, hors série XL, « Clemenceau, un tigre dans la guerre ».

Dans notre mémoire collective, la figure de Clemenceau chef de guerre tend à se réduire à quelques formules (« je fais la guerre »), à quelques images (la visite dans les tranchées), à quelques idées reçues (il aurait pu, croient encore certains, arrêter la guerre en 1917). Ce qui pourtant continue de fasciner, c'est ce que lui-même, inlassablement, a placé au cœur de sa venue au pouvoir, de sa stratégie, de sa politique de guerre : un amour inconditionnel de la France. Les propos de Clemenceau pendant cette période décisive ne sont pas ceux d'un va-t-en-guerre et encore moins ceux d'un ambitieux dont le rêve de pouvoir serait enfin assouvi dans des circonstances dramatiques qui le rendent plus beau encore. Ils sont d'abord l'affirmation constante d'une conscience française. Française par l'attachement à l'histoire : « Je suis le fils d'une vieille histoire qui sera continuée », écrit Clemenceau dès mars 1918, pour formuler les raisons de faire la guerre aux « hordes » germaniques. Et, partout, cette idée que la France porte une histoire, à la fois séculaire et singulière, qu'il importe de ne pas interrompre apparaît comme un socle, comme une certitude infrangible qui alimente la volonté de vaincre : « Ces hommes-là meurent pour le plus grand idéal [...], pour la continuation d'une histoire qui sera la première entre toutes les histoires des peuples civilisés » (8 mars 1918). Cet attachement, du reste, n'a rien de nationaliste. Au nationalisme allemand, Clemenceau oppose au contraire l'universalisme français. Et c'est pour cela que la guerre doit être gagnée : parce qu'elle n'est pas seulement la guerre entre deux nations, mais entre deux conceptions de l'humanité. Entre une conception clanique sinon raciale, et une conception idéaliste et humaniste : « La France représente une conception d'idéalisme, d'humanité, qui est celle qui a prévalu dans le monde et on ne peut pas servir l'humanité aux dépens de la France », écrit-il le 5 novembre 1918. Et l'on sait son appel du 17 septembre 1918, lorsque la victoire enfin apparaît à portée de main après le succès de la contre-offensive de juillet : « Allez donc, enfants de la patrie, allez achever de libérer les peuples des dernières fureurs de la force immonde ! » C'est cette conception de la France que Clemenceau ne cessa de brandir devant tous ses interlocuteurs, et c'est dans cette conception qu'il trouva l'espoir d'une victoire qui souvent aurait pu se décourager. C'est dans cette certitude que la France était moins une patrie qu'un idéal qu'il trouva viscéralement des raisons d'espérer. Et dans cette certitude, aussi, que les soldats de France portaient en eux, comme une lueur, cet idéal. C'est pourquoi, dur avec les haut gradés, Clemenceau fut clément et bienveillant avec les soldats, les défendant dans les pires moments de doute face à la représentation nationale, s'interdisant de jamais perdre confiance en eux. « Demeurer avec le soldat, vivre, souffrir, combattre avec lui » : telle fut sa devise, non point par militarisme, mais par amour profond, charnel, de ce peuple de France dont toutes les classes et toutes les origines étaient réunies sur le champ de bataille et qui incarnait l'idéal de la nation française. De là un amour et un respect du soldat se confondant avec son amour de la France. C'est bien ce Clemenceau qu'on disait hostile aux militaires qui écrivit : « J'affirme que la victoire dépend de nous [...], à condition que les pouvoirs civils s'élèvent à la hauteur de leur devoir, parce qu'il n'y a pas besoin de faire cette recommandation aux soldats. » On se gardera donc de voir une simple formule rhétorique dans la péroraison de son discours à la Chambre pour annoncer l'armistice. Lorsqu'il s'écrie : « Grâce [aux soldats], la France, hier soldat de Dieu, aujourd'hui soldat de l'humanité, sera toujours le soldat de l'idéal », il décrit cela même qui pendant cette année terrible l'a fait croire, tenir, espérer, agir. De Clemenceau chef de guerre, c'est cela que je retiens en premier lieu. C'est qu'il eut de la France une idée, une idée élevée, une idée noble, mais aussi une idée enracinée et réelle : au croisement des deux, il s'est forgé cet idéal charnel, rendant la victoire aussi indispensable qu'inévitable. Ainsi y avait-il chez ce Père la Victoire obstiné et bougon, infatigable et querelleur, quelque chose de mystérieusement chevaleresque. Une sorte d'idéalisme des temps anciens se colletant avec la réalité la plus rude et la plus cruelle, et y trouvant de quoi s'exalter.

C'est ainsi sans doute que se gagnent les guerres qui semblent perdues. Le pays, que Clemenceau avait trouvé fin 1917 découragé, prêt à accepter une paix honteuse, démotivé, reprit espoir dès le début 1918. La France comprit que la victoire était la seule solution. Elle regardait ce petit homme tonner à la Chambre, houspiller ses généraux, se ruer sur les champs de bataille, et partout le pays comprenait qu'une flamme renaissait et que, malgré l'extrême difficulté des temps, une forme d'idéal pouvait le mener à la victoire. La France crut en lui, parce qu'il croyait en la France. Ce fut sa force et son secret. C'est cela, aujourd'hui encore, qui le rend unique et l'installe de plein droit aux côtés de tous ceux qui, dans notre longue histoire, ont ramassé le flambeau que d'autres avaient laissé choir. C'est cela qui aujourd'hui fait de lui, par-delà les clichés et les zones d'ombre, un authentique héros français.

VII.
De Gaulle à Bayeux : l'esprit de la Nation[1]

1. *Légende* n° 7, 12 janvier 2022, « Charles de Gaulle ».

L'année 2020 marquait le cent trentième anniversaire de la naissance du général de Gaulle, le cinquantième anniversaire de sa disparition et le quatre-vingtième appel du 18 Juin. Nombre de Français ont commémoré à cette occasion le héros militaire qui, encore colonel, prit la tête, à Montcornet, d'une contre-attaque héroïque contre l'armée allemande. Le pays a vibré au souvenir du chef de la France libre qui organisa depuis Londres les réseaux de la Résistance, s'appuyant pour ce faire sur Jean Moulin et sur son fidèle compagnon, Daniel Cordier, disparu cette année. Mais ce qui fait que, plus qu'un grand homme, de Gaulle est un *mythe français*, c'est qu'à ses actions courageuses s'ajoute un legs intellectuel à la Nation dont les années n'ont altéré en rien le caractère visionnaire. Ce legs, c'est bien sûr celui de l'écrivain de Gaulle, du *Fil de l'épée*[1] à *Vers l'armée de métier*[2], des *Mémoires de guerre*[3] aux *Mémoires d'espoir*[4]. C'est aussi celui des discours, auxquels le Général apportait une importance telle qu'il allait jusqu'à les apprendre par cœur.

Parmi ses milliers de prises de parole, deux résonnent particulièrement avec l'époque que nous vivons : les discours de Bayeux. C'est dans cette sous-préfecture normande construite autour de la rivière Aure et protégée par une cathédrale plusieurs fois centenaire que l'homme de Colombey prononça en effet des mots qui disent encore aujourd'hui beaucoup de ce que nous sommes, nous Français.

Le discours du 14 juin 1944 est ainsi le discours d'une indépendance française toujours à reconquérir. Huit jours après le débarquement, et alors que les alliés américains et britanniques projettent d'imposer en France un système d'administration

1. Paris, Berger-Levrault, 1932.
2. Paris, Berger-Levrault, 1934.
3. Paris, Plon, 3 vol., 1954-1959.
4. Paris, Plon, 2 vol., 1970-1971.

militaire par leurs officiers (l'AMGOT), le chef de la France libre a l'intuition géniale de mettre en scène la pérennité de la Nation française. Débarqué du contre-torpilleur *La Combattante*, il ne considère pas, alors, que l'urgence est à la stratégie militaire, mais qu'elle est à la mobilisation populaire.

Le voici donc à Bayeux, première ville libérée. Malgré le dénuement matériel, résultat de quatre longues années d'occupation, rien ne manque pour sa prise de parole : ni les drapeaux bleu-blanc-rouge qui pavoisent la rue, ni l'annonce de Maurice Schumann : « Honneur et Patrie, voici le général de Gaulle », ni les Françaises et les Français réunis en masse sur la place, ni cette *Marseillaise* entonnée en chœur. Le court discours que de Gaulle prononce alors se résume en trois temps : pérennité, unité, indépendance. Pérennité parce que la France, depuis juin 1940, n'a jamais cessé de combattre, que ses symboles n'ont jamais cessé de vivre. Unité parce que aucune distinction, aucune division n'est faite entre ceux qui ont résisté et les autres. Indépendance parce que le général de Gaulle définit nettement le rôle des Américains et des Britanniques : « Nous combattrons aux côtés des Alliés, avec les alliés, comme un allié. » Tout est là. Ce qui a été appelé depuis par les historiens « le premier discours de Bayeux » non seulement rend irréversible l'affirmation souveraine de la Nation française, mais pose les jalons d'une doctrine d'indépendance que, devenu président de la République, le Général reprendra, et qui continue de nous animer. Dire que la dissuasion nucléaire, le retrait du commandement intégré de l'Otan, le non-alignement, voire aujourd'hui le concept d'autonomie stratégique, sont contenus dans le propos du 14 juin 1944 serait sans aucun doute abusif. Mais il y a déjà là, sinon des germes, une haute conscience que le destin français devra se construire hors de toute tutelle, par des choix libres.

Le second discours de Bayeux, prononcé le 16 juin 1946, est le discours qui détaille les conditions institutionnelles de cette indépendance – en d'autres termes, l'organisation de la souveraineté[1].

1. Disponible en ligne, URL : <https://www.elysee.fr/la-presidence/le-discours-de-bayeux-194>.

Après avoir paré à l'urgence, reconstruit avec ses compagnons de route un gouvernement, une administration, les bases d'un État, le chef du gouvernement provisoire de la République française s'attache à saisir les causes profondes de l'étrange défaite de 1940 et, plus largement, des fragilités françaises révélées par les guerres successives. La raison première est claire : « [...] envahie sept fois et [ayant] pratiqué sept régimes, car tout se tient dans les malhcurs d'un peuple », dit-il. Si la France s'est effondrée, si elle a perdu toute indépendance, si son existence même a été menacée, c'est en raison d'institutions friables, d'une organisation défaillante de la souveraineté du peuple.

Pour le président du gouvernement provisoire de la République, la mère des batailles est donc institutionnelle, et le discours du 16 juin, le moment où se cristallisent des vérités que les années n'ont pas altérées, au contraire. L'importance de l'État, d'abord, qui, en France, a engendré la Nation et la tient debout, notamment dans les crises. « Le trouble dans l'État a pour conséquence inéluctable la désaffection des citoyens à l'égard des institutions », proclame le Général – un propos que les soixante-quinze ans qui se sont écoulés depuis son discours n'ont cessé de confirmer. La nécessité que cet État soit incarné non par une multiplicité de représentants, mais par un chef. Et le Général d'affirmer que le chef de l'État doit être *l'incarnant*, entendu comme celui qui, au-dessus des partis, est le garant des « choses sacrées » que sont l'unité et la cohésion de la Nation. De Gaulle perçoit, enfin, la nécessité de penser ce qu'on appellerait aujourd'hui une « souveraineté enrichie », c'est-à-dire une représentation démocratique qui ne se limite pas à la seule élection des députés, mais articule temps court et temps long, élus au suffrage universel autant que représentants des composantes sociales et territoriales de la Nation. Ainsi naissent les trois chambres, qui ne seront finalement créées dans la forme de Bayeux qu'en 1958 mais qui, depuis, n'ont plus quitté nos vies institutionnelle et politique.

Chacun a son de Gaulle. Pour la génération de la Seconde Guerre mondiale, c'est l'esprit de la Résistance, celui dont parlaient les parents sous les bombes allemandes. Pour ses enfants, c'est souvent l'esprit de la République qui, en 1958, sait reprendre le flambeau de ce régime qui paraissait alors à bout de souffle. Pour tous, de Gaulle, c'est avant tout l'esprit de la Nation, qui se confond parfois avec l'homme et qui souffla si fort à Bayeux. « Il faut toujours marcher droit vers la vérité. Et la vérité, c'est la souveraineté nationale », confia un jour le Général à Alain Peyreffite[1]. L'une des grandes leçons de de Gaulle, la leçon de Bayeux, est à la fois simple et infiniment difficile à mettre en œuvre : ne rien céder, jamais, de notre liberté chèrement acquise. Ne rien céder, jamais, de ce que nous sommes, nous Français.

1. Alain Peyrefitte, *C'était de Gaulle*, 3 vol., Paris, Fayard, 1994-2000.

VIII.
Ma France[1]

1. *Zadig*, n° 10, 26 mai 2021, « Au cœur du complotisme ».

Où commence la France, pour vous ?

Ma France, c'est une carte sensible entre deux pôles qui sont Amiens et les Pyrénées, puis un troisième pôle qui est Paris. Avec, à chaque fois, une interprétation personnelle des lieux, comme un espace vécu : mon enfance à Amiens n'a par exemple rien à voir avec la réalité d'Amiens. C'est une espèce de bulle plutôt heureuse, et même une bulle dans la bulle : j'ai vécu entre chez mes parents et chez mes grands-parents, et passé d'incalculables heures dans une bibliothèque pendant de nombreuses années de ma vie, dans le petit appartement de ma grand-mère. Malgré tout, par le hasard des amitiés, des voyages de classe, des cheminements qu'on fait en famille, j'ai eu des repères, des îlots dans la ville – des îlots culturels, notamment : une librairie que j'aimais, le théâtre.

Et puis j'ai tôt fait l'expérience de cette région, la Picardie, qui subissait la désindustrialisation de plein fouet. J'ai vécu de manière très précise cette morsure de la désindustrialisation, alors que la ville était encore tenue par le maire communiste René Lamps. Enfant, je me souviens aussi d'une des premières manifestations à Amiens : c'était en 1986, contre le projet de loi Devaquet sur la réforme des universités.

Pourquoi ce berceau d'Amiens ?

Ma famille paternelle est arrivée en Picardie par les cheminots. Mon grand-père a longtemps travaillé dans les gares parisiennes, puis à la gare de Creil, à Compiègne, et il a fait partie de cette génération qui a ouvert la gare de Longueau, dans la Somme. À Longueau, je ressentais déjà

1. Présenté par le ministre délégué de l'Enseignement supérieur et de la Recherche du deuxième gouvernement Chirac, ce projet de loi prévoyait une sélection des étudiants et une mise en concurrence des établissements. Très contesté, il est retiré le 8 décembre 1986, notamment après la mort de Malik Oussekine, victime de violences policières.

la nostalgie d'une France d'avant. Amiens, pour moi, c'était à la fois le bonheur, par cette réclusion en quelque sorte choisie, et la conscience du monde, à travers la désindustrialisation et le sentiment que j'avais de cette déprise qui commençait. J'ai vu cette ville tout à la fois s'embellir beaucoup sous l'impulsion de Gilles de Robien[1] et s'éloigner de la prospérité. Amiens a en effet progressivement perdu beaucoup de services. Elle est passée du statut de capitale de région à celui de simple capitale de département. Elle vit donc aujourd'hui dans une forme d'insécurité, entre Paris et Lille, dans une forme d'inquiétude, alors même que le maire et tant de femmes et d'hommes de bonne volonté s'engagent pour les faire revenir.

Quelques années plus tard, jeune adulte, j'ai découvert la Côte d'Opale, Le Touquet. Les attaches familiales de mon épouse, les grands espaces, la mer qui s'en va avec le ciel… la liberté.

1. Maire de 1989 à 2002, puis de 2007 à 2008.

L'autre point d'attache, ce sont les Pyrénées ?

Oui, mon autre centre de gravité, c'étaient les Hautes-Pyrénées, Bagnères-de-Bigorre. Un vert paradis où je continue d'aller, le lieu d'origine de mes grands-parents, celui où je me réfugiais chaque été. J'y passais beaucoup de temps. J'étais l'enfant-roi dans ce lieu modeste, près de la nationale. Un lieu synonyme de bonheur absolu, avec des repères très stables, que je retrouve encore aujourd'hui – par exemple quand je vois la chaîne des Pyrénées sous un angle très particulier, celui qu'on aperçoit avant que les coureurs du Tour de France n'attaquent le Tourmalet. J'y suis retourné adolescent, puis adulte, avec des liens familiaux, des amitiés. À Campan, sur le col, vivent encore quelques-uns de mes meilleurs amis. Mais j'ai vu Bagnères-de-Bigorre s'arrêter.

De quelle manière ?

J'ai grandi dans les souvenirs de ma grand-mère. J'ai donc une vision de la France qui n'est pas du tout celle de ma génération, je dois bien l'avouer. Je suis comme désynchronisé. Le frère de mon grand-père a très longtemps été adjoint au maire de Bagnères et président du comité des fêtes, ce qui m'a valu chaque été de vivre la Fête des fleurs et de gagner de façon éhontée un nombre incalculable de concours, en étant systématiquement pistonné – ça allait de la pêche à la truite au plus beau chariot fleuri… Le textile favorisait le dynamisme de Bagnères. Partant de rien après la guerre, mon grand-oncle allait à vélo chercher de la laine chez tous les bergers de la vallée.

Cette ville était donc tirée par le textile, mais aussi par l'aéronautique, avec Latécoère. Et là encore, j'ai vu la désindustrialisation. Tous les grands aménagements avaient été réalisés dans les années 1970-1980, le territoire allait de l'avant. Puis, d'un seul coup, la ville s'est comme figée. Les jeunes ont de moins en moins trouvé d'emplois, ils sont partis. Je revenais chaque été et je

1. Né en 1883 à Bagnères-de-Bigorre, Pierre-Georges Latécoère a repris en 1917 l'entreprise familiale pour la transformer peu à peu en un équipementier aéronautique, devenu aujourd'hui un groupe emblématique.

retrouvais la même ville. Elle s'était arrêtée dans sa prospérité, avant de se relancer avec le thermalisme qui draine une population plus âgée.

Peut-on dire que ces deux villes si différentes, Amiens et Bagnères-de-Bigorre, connaissaient un sort commun ?

À Amiens comme à Bagnères-de-Bigorre, j'ai ressenti une certaine inquiétude, j'ai connu une France inquiète. L'histoire s'y était écrite d'une façon comparable. Ces endroits avaient vécu la guerre – mes grands-pères avaient été mobilisés dès 1940, puis emprisonnés pendant l'Occupation –, mais, ensuite, la phase de reconquête ne s'était jamais arrêtée. Puis, dans les années 1980, avec la crise industrielle, quelque chose s'est passé qu'on n'a pas théorisé, qui n'a pas été compris, et on en lit encore aujourd'hui les traces sur les territoires : les friches industrielles, les difficultés liées au chômage… J'ai alors connu les premiers cousins qui galèrent dans leur recherche d'emploi, qui ne retrouvent rien – aussi parce que, vivant dans les Pyrénées, ils ne veulent pas bouger de la vallée. Il faut voir le drame que c'est, quand ferme une entreprise où des générations ont travaillé. Ceux qui ne le vivent pas ne peuvent pas comprendre le choc que cela représente, à la fois pour la vie familiale et pour l'imaginaire : on ne perd pas seulement son travail, c'est aussi l'univers des possibles qui est détruit. Une partie de ma famille pensait que tout continuerait comme avant. Quand l'activité s'est arrêtée, le choc a été total.

Vous évoquez la Picardie, les Pyrénées… Et Paris ?

Comme tout enfant de province, j'ai eu une relation fantasmée avec la capitale. Je ne m'y suis jamais rendu enfant. À l'adolescence, mes parents m'y emmenaient quelquefois. J'y ai également fait mon stage de troisième, auprès d'un éditeur qui dirigeait les éditions Larousse, monsieur Thomas. Paris était d'abord pour moi un lieu de promesses. Le Paris que je préfère, c'est celui que j'ai rêvé : la tension de désir de l'adolescent qui prépare pendant des semaines son voyage pour se rendre dans un musée, qui a l'impression de vivre dans l'histoire, dans les romans, et qui revient chez lui le soir, épuisé.

Ce n'est donc pas un hasard si je suis arrivé à Paris quand j'ai eu seize ans et que j'ai quitté Amiens. J'y ai habité seul dans une chambre de bonne où je suis resté des années, sans douche, derrière le lycée Henri-IV. C'était un autre Paris. Je me sentais comme une espèce de héros de province. J'avais le complexe du provincial face à des jeunes dont je me disais qu'ils avaient vécu bien plus de choses que moi. J'étais seul, j'avais peu de copains. J'ai bâti mes repères dans le Quartier latin. Ce n'étaient pas des années d'insouciance. J'étais déjà amoureux de celle qui allait devenir ma femme. C'était une vie de lectures, de découvertes, souvent faites en me promenant. Je me suis énormément perdu dans Paris. Je me souviens tout particulièrement de l'hiver 1995, les grandes grèves, j'étais en hypokhâgne. J'ai passé des heures à marcher. J'ai arpenté Paris dans tous les sens, toujours avec un livre dans la poche. J'ai des souvenirs d'errance, de découverte de quartiers très

---

1. Les grèves contre le plan Juppé de réforme des retraites et de la Sécurité sociale.

différents. De rencontres. Je suis resté ensuite à Paris pour étudier la philosophie, j'ai découvert les Murs Blancs à Châtenay-Malabry, où j'allais régulièrement voir Paul Ricœur, pour lequel j'ai eu l'honneur de travailler.

Quand on relit votre livre de campagne, Révolution[3], *on note déjà l'évocation de zones désertifiées, de la France périphérique... Des thèmes qui ont aujourd'hui une résonance plus forte encore. Quel était alors votre état d'esprit ?*

Même si j'ai écrit dans ce livre qu'il existe plusieurs France, je croyais aussi, au moment de sa rédaction, que le pays est un tout, qu'il se pense et se vit comme un tout. C'est vrai ! Nous sommes une addition de pays qui ont chacun leurs rapports

1. Le philosophe Paul Ricœur (1913-2005) résida à partir de 1956 aux Murs Blancs, la propriété achetée en 1939 par le philosophe Emmanuel Mounier et quelques amis réunis autour de la revue *Esprit*.
2. De 1999 à 2001, pour l'assister dans la préparation de son livre, *La Mémoire, l'histoire, l'oubli*, Paris, Seuil, 2003.
3. Emmanuel Macron, *Révolution*, Paris, XO, 2016.

historiques, je dirais même telluriques : dans les Hautes-Pyrénées, d'une vallée à l'autre, les habitants, les représentations, sont très différents... Mais on reste tendu vers une unité. Et donc, quand a lieu un retrait de l'État, la perte de services publics, il y a un sentiment d'abandon. On a beau recréer des services, il est difficile d'inverser ce sentiment. Ce sont des espaces entiers où il faut remettre de la présence, des entreprises aussi, et plus encore de la reconnaissance et de la dignité.

Que s'est-il passé dans ces territoires ?

Des choses très simples. L'entreprise où l'on travaillait génération après génération a fermé. D'un seul coup, on a réalisé que l'avenir des gamins et des gamines n'était plus là. Le sous-préfet a quitté les lieux. Les services publics sont partis, mais aussi des cadres intermédiaires, des professeurs, des fonctionnaires, des cadres d'entreprises, qui tous tiraient ces villes vers le haut – parce que c'est leur présence qui fait qu'un théâtre reste ouvert, qu'au lycée les enfants des employés côtoient les enfants du patron... C'est donc une France qui se mélangeait, une France dans laquelle un espoir de mobilité sociale était possible, qui s'est effilochée, et avec elle le goût du possible. Soudain, on s'est réveillés et on s'est aperçus que l'emploi, l'activité culturelle, parfois même le médecin, tout ce qu'on voit ailleurs, n'était plus accessible chez soi. Parce que, en réalité, à l'échelle du pays, les activités n'ont pas diminué ; elles se sont reconcentrées. On a totalement sous-estimé ce choc, et le sentiment de relégation né de la désindustrialisation.

Comment y remédier ?

Dès *Révolution*, j'ai posé un diagnostic, pointé une erreur fondamentale : nous avons pensé pouvoir faire un pays sans usines. L'usine est un lieu de brassage des catégories sociales. J'ai souvent utilisé la métaphore de la cordée, qui a été mal prise, mais quand on aime la montagne, c'est évident : celui qui est devant n'avance que si celui qui assure derrière lui monte un peu lui aussi, et réciproquement. Nous avons donc agi dès le début du quinquennat pour réindustrialiser, avec des premiers résultats avant la pandémie.

Autre phénomène concomitant : progressivement, la numérisation et la rationalisation des services ont conduit à concentrer l'activité à Paris et dans les capitales régionales. Et les pouvoirs publics ont accompagné cela en créant les grandes régions[1]. Je le vois à Amiens : avec la création des Hauts-de-France[2], beaucoup de services sont partis vers Paris et Lille. Amiens a perdu des cadres de la direction régionale. Beaucoup de villes, de sous-préfectures, ont vécu cela. Quand on va vers la baie de Somme, vers ces superbes lieux que sont Saint-Valery ou Le Crotoy, on traverse la région de Gamaches, qui s'est totalement appauvrie avec l'effondrement de l'industrie textile. Pareil pour l'Avesnois et la Thiérache, aux confins de l'Aisne et du Nord. Ces régions ont énormément souffert. Et le rapport sensible au pays s'y est fragilisé, parfois désagrégé.

1. Lors de la réforme territoriale de 2014.
2. Nés de la fusion du Nord-Pas-de-Calais et de la Picardie.

Ce décrochage a-t-il nourri le mouvement des Gilets jaunes de l'automne 2018 ?

Oui, de tout cela est né le sentiment que l'organisation collective – politique, administrative – disait à ces Français : « Ce n'est plus pour vous. » Vous avez grandi avec ce schéma très français, selon lequel la propriété et l'éducation sont deux fondamentaux, où vous allez pouvoir progresser ? Ce n'est plus si vrai.

Le processus a été, au fond, le suivant :

1. *Il faut avoir un travail.* Oui, mais le travail se concentre désormais dans les grandes villes.

2. *Il faut être propriétaire, on n'aime pas être locataire.* Oui, mais la vie dans les grandes villes, où se trouve le travail, est chère, les prix montent – plus encore si vous voulez un pavillon avec un petit jardin, ce qui est notre modèle. Vous allez donc devoir loger à quelques dizaines de kilomètres du lieu où vous travaillez.

3. Ensuite, on vous a dit : *Pour être de bons parents, vous devez inscrire vos enfants dans les bonnes écoles.* D'où les allers-retours quotidiens, dès le collège, vers les établissements de la ville.

4. On vous a dit aussi : *Il faut que vos enfants fassent le conservatoire, aillent à la piscine, au cours de danse.* Vous devez donc aussi les emmener à leurs activités extrascolaires… À la fin, quand vous avez tout bien fait, on vous dit soudainement : « Cette vie, ces trajets, on va les taxer fort ; si vous voulez échapper à cela, il faudra réduire les déplacements… » Les gens forcément deviennent fous ! Concernant l'augmentation des prix, le meilleur exemple est Bordeaux et son arrière-pays après l'arrivée du TGV. Bordeaux a été l'une des villes où le phénomène des Gilets jaunes a été le plus violent. Or, ces dernières années, le coût du logement y a flambé. Beaucoup d'habitants ont dû partir. Les Gilets jaunes venaient du Médoc, de Blaye… Certains manifestaient parce qu'ils avaient dû quitter la ville. On leur a donné l'impression que ce qu'ils faisaient n'était pas bien. Ils se sont sentis humiliés. Alors même que nos concitoyens sont conscients des changements nécessaires dans nos vies. Tout cela avec ce sentiment profond que le progrès n'était pas pour les classes moyennes dans notre pays.

Le mouvement des Gilets jaunes a-t-il fait évoluer votre perception de la France ?

J'avais vécu, pensé, décrit cette difficulté du pays, notamment dans *Révolution*. Même si je ne l'avais pas perçue à ce point, je n'ai pas été surpris de ce qui arrivait. Je l'ai d'autant moins été que j'aime ces terres. J'ai passé mon temps, durant la campagne, à les arpenter, avec chacune sa spécificité : on ne peut pas, par exemple, comparer l'arrière-pays de Montpellier avec la région de Metz, même si ces lieux rencontrent le même type de soucis.

Cette lecture géographique se double d'une lecture sociale : la crise des classes moyennes. Celles-ci forment le socle politique et social de nos démocraties depuis le XVIIIe siècle, et elles disent aujourd'hui : « Vous nous avez abandonnées. Il n'y a plus d'histoire et de perspective de progrès pour nous. »

Ce n'est pas un hasard si la crise des Gilets jaunes n'est pas une crise des quartiers populaires. Dans ces derniers, on trouve toujours des histoires individuelles de progrès, malgré les difficultés. À côté, les territoires qui avaient longtemps connu la prospérité ont vu celle-ci se rompre et on n'a pas réussi à la rétablir. C'est cela que j'ai découvert avec plus de force.

Qu'avez-vous appris ?

On a redécouvert la violence. La violence politique et militante existait depuis plusieurs années dans notre démocratie, avec le retour des black blocs dans les manifestations européennes, puis en France en 2016. Avec les Gilets jaunes, il s'agit d'un retour de la violence dans la société. On retrouve un des fondamentaux de notre vieux pays, fait de jacqueries. Cette idée que, lorsque la colère et la peur se nouent, tout devient possible. On a vu des gens mener des combats qui n'avaient parfois rien à voir les uns avec les autres. Au Puy-en-Velay, lorsque la préfecture a été incendiée, il y avait des parents d'élèves, des retraités, des gens en grande difficulté sociale, mais aussi des anarchistes bien connus, de vieux militants cégétistes, des « Front-nat' »… Tous se mélangeaient dans une colère qui se nourrissait elle-même. Ce moment de tension a débouché sur le Grand Débat, où je suis retourné au contact. Je me souviens en particulier du débat dans la Drôme, à Bourg-de-Péage, avec des Gilets jaunes, avec des maires, avec des citoyens. J'ai vu partout la même inquiétude, qui venait de loin, de la désindustrialisation, d'un sentiment d'injustice, d'une impression de trahison démocratique ; et en même temps, la même solidité de notre peuple. Tenir.

De la solidité ?

Oui. Nous sommes un peuple très résistant. On s'embrase sur le coup de colères. Il y en aura sans doute d'autres. Mais nous sommes extraordinairement tenaces, attachés à nos équilibres.

Cette pandémie est la métaphore de notre époque. On revit des temps au fond très moyenâgeux : les grandes jacqueries, les grandes épidémies, les grandes peurs… Si on a une énergie collective et une vision, on repartira de l'avant. Je pense que nous en avons la possibilité. On a retrouvé dans cette période récente toutes les grandes passions françaises : pour la liberté, pour l'égalité. J'ai eu ce sentiment, en décembre 2018, et c'est pourquoi j'ai décidé d'organiser le Grand Débat. Pour retrouver un contact physique, j'ai assumé cette forme de pèlerinage laïque à travers chaque géographie, en choisissant chaque fois des villes très différentes, comme Étang-sur-Arroux, en Saône-et-Loire, Grand Bourgtheroulde, dans l'Eure, Souillac, dans le Lot, et tant d'autres.

Pouvez-vous préciser l'allusion que vous avez faite à la période médiévale ?

Je relierais en effet la période que nous vivons à la fin du Moyen Âge et au début de la Renaissance. C'est l'époque des grandes peurs, de phénomènes qui forgent un peuple, je dirais même de la réinvention d'une civilisation. C'est aussi un moment de tensions qui travaillent le pays, entre un État central et des féodalités. C'est, enfin, un temps où la question européenne se pose, sans oublier le rapport entre les religions. La capacité à embrasser le futur, à se projeter, est alors déterminante pour le rebond que prend le pays. C'est ce qui me rend très confiant.

Sur quoi repose cette confiance ?

J'ai la prescience que nous avons cette force et cette inspiration en nous. Je crois beaucoup dans l'inspiration du peuple français. Et je considère que mon rôle est, chaque fois, de tracer le bon chemin, d'y mettre le bon mot, même si je fais des erreurs, pour permettre que cela advienne. C'est ça, la véritable histoire.

Très souvent on fait le lien avec la fin de la Seconde Guerre mondiale. Je pense que cette période était très différente. Quand tout est abattu, quand tout est à reconstruire, il y a une énergie vitale. Mais aujourd'hui, on ressent à la fois le phénomène des grandes peurs et une fatigue de l'époque, que la pandémie accentue. Les intérêts en présence sont également là, qui ne veulent pas bouger : c'est une société pétrie de corporatismes semblables aux guildes d'autrefois. Pour avancer, il faut réussir à créer des voies d'eau. La Révolution française avait également cela en elle.

Un autre phénomène encore est très comparable, dans la psyché collective, à ce qui se passait à la fin du Moyen Âge : ce sont les grandes innovations technologiques, qui ont un effet anthropologique. Elles font que nous nous projetons très différemment. À leur suite, il y eut à l'époque les grandes découvertes ; à présent, ce sont les réseaux sociaux, les transformations du numérique, l'exploration de Mars, la découverte d'un nouvel usage du monde pour faire face aux dérèglements climatiques… Dans l'imaginaire, quelque chose se passe qui permet d'embrasser l'avenir et de sortir des grandes peurs. Du plus profond de son histoire, notre pays est pris dans une tension permanente entre la passion pour la liberté et la passion pour l'égalité, voire pour l'égalitarisme, avec les passions tristes que celles-ci emportent – on met ainsi souvent derrière l'égalité la jalousie, la volonté de détruire l'autre.

Nous avons aussi, en France, cette passion tellurique, cet ancrage, cet amour des lieux qui nous font, et, dans le même temps, cette aspiration à l'universel. Aucun autre pays n'est comme cela :

même quand ils sont attachés à leur vallée, nos compatriotes s'intéressent au cours du monde et pensent que la France a un rôle à jouer. Ils considèrent qu'en nous intéressant à la francophonie ou à la diffusion des médicaments en Afrique, nous faisons ce que nous devons faire, et que de ne pas en parler serait une faute. La presse quotidienne régionale, que je lis chaque jour, en parle. Cette tension-là nous met dans un rapport particulier au monde. Plus que bien d'autres peuples et plus que bien d'autres pays, nous intégrons les inquiétudes de l'époque. Nous ne bâtissons notre unité que dans une fierté collective et dans un rapport à l'universel.

La France n'est pas elle-même si elle ne se projette pas. Elle l'a fait de diverses manières, par les guerres continentales, par le commerce triangulaire, par les guerres de colonisation, puis par le multilatéralisme contemporain et par le rôle qu'elle joue de grande puissance diplomatique.

Quels lieux peuvent nous faire comprendre, plus que d'autres, ce que nous sommes ?

Il est très dur de répondre. Choisir, ce serait dire que nous ne sommes qu'un fleuve, un unique cours d'eau, sans affluents ! Mais, en dehors de la carte familiale et intime que j'évoquais, j'ai une carte sensible, fruit de mon expérience, de mes responsabilités. Oui, il y a des villes et des départements où l'on peut prendre le pouls des choses. J'aime particulièrement le Lot, Figeac, Cahors… Ce département a formidablement résisté, il a reconquis une activité industrielle, tout en gardant un grand rapport à l'histoire – avec des figures historiques incroyables, comme Maurice Faure[1] –, et on y trouve une forme de ruralité heureuse. Je pense à Saint-Cirq-Lapopie. Breton y a eu cette phrase admirable, qui dit tout de l'ancrage choisi : « J'ai cessé de me désirer ailleurs. » Ce sont des lieux qui permettent de comprendre

1. Ancien résistant, homme de gauche, Maurice Faure a été ministre, député et sénateur du Lot.

ce qui est accepté en France et ce qui ne l'est pas. Ils synthétisent beaucoup d'histoire.

J'aime aussi infiniment Marseille, la deuxième ville de France, une des plus pauvres et des plus vibrantes. Marseille a sa banlieue dans la ville. Elle a connu des transformations considérables ces dix dernières années. C'est une ville où, comme dans tous ces grands ports, on arrivait, on s'installait, on était Arménien, Algérien, on devenait Marseillais avant d'être Français. C'est ainsi que Marseille a construit son identité. Avec le TGV, les Marseillais se sont réappropriés leur ville : Marseille a été voulue, embrassée, aimée. C'est une ville extraordinairement attachante. On y voit le tressage d'une grande bourgeoisie avec des quartiers très populaires. Ça ne circule pas à l'intérieur de ces catégories, néanmoins une identité unique se trame sous l'œil de la Bonne Mère[1].

1. Surnom de la basilique Notre-Dame-de-la-Garde, qui domine la ville.

Quand on dit de Marseille qu'elle est capitale de la Méditerranée, il faut faire une conversion mentale. Une ville, c'est comme un corps : elle garde dans ses tripes les réflexes qu'elle prend dans son histoire. Marseille ne s'est pas construite en regardant la mer. C'est une ville structurée par le souvenir traumatisant de Louis XIV, qui l'a punie pour son insolence et l'a verrouillée par la mer. Après-guerre, Gaston Defferre[2] l'a profondément structurée en la construisant contre le glacis communiste alentour : des années durant, il a appris aux Marseillais à se méfier des villes voisines tenues par des communistes... On se méfiait aussi de la mer, sauf quand on allait au cabanon... Marseille a ainsi construit ses propres

1. Rattachée au royaume de France avec la Provence en 1481, Marseille est longtemps restée une ville frondeuse. En 1660, Louis XIV la fait occuper militairement et refuse, en y entrant, de jurer à ses portes respect aux libertés municipales. Il ordonne notamment la construction de deux forts à l'entrée du port pour surveiller la ville.
2. Maire de la ville en 1944-1945, puis de 1953 à 1986.

rites. Pagnol le dit génialement, quand il parle du « Ferry Bôate[1] ». La grande traversée, c'est celle du Vieux-Port, pas au-delà.

Mais la conversion est en train de se faire. La décennie qui vient transformera Marseille et fera d'elle une capitale de la Méditerranée. Indépendamment de la vie politique, je suis sûr que quelque chose va se passer à Marseille, car les conditions de possibilité d'une réinvention du lieu et d'une réappropriation sont là. J'y vois une créativité extraordinaire, une jeunesse saisissante, une espèce de puissance. Mais j'aime aussi énormément la Seine-Saint-Denis…

Pourquoi ?

Je vais vous décrire, en vous demandant de fermer les yeux, le département le plus jeune de France, avec deux aéroports internationaux, le plus important stade sportif français et le plus grand nombre de créations de start-up par habitant. Il ne manque que la mer pour

1. Dans son film *Marius*, sorti en 1931.

faire la Californie... C'est aussi le seul endroit où l'on a assumé d'être un pays d'immigration, qui intègre, qui élève les enfants nés ici comme ailleurs. Les trajectoires individuelles existent. Mais quand les gens progressent, ils partent, et c'est ce qui explique les difficultés. Chaque fois, la Seine-Saint-Denis accueille les nouveaux arrivants. C'est un espace unique de transformation économique et sociale. Le travail que fait ce département pour l'intégration dans le pays est colossal. C'est un poumon. Et dans le même temps, toutes les fragilités françaises y sont concentrées. Les espaces sont à reconstruire. Les difficultés économiques, sociales et sécuritaires s'y conjuguent.

Au-delà de tout ça, on sent et on apprend beaucoup de choses quand on se rend en Seine-Saint-Denis. Par exemple, lors du premier confinement, c'est en allant là-bas que j'ai acquis la conviction que les consignes étaient très bien respectées. Que ça marchait. Le 7 avril 2020, je vais à Pantin et je comprends qu'il faut rouvrir l'école. Les gens étaient tous chez eux. Ils me saluaient avec des drapeaux français, c'était très émouvant, bouleversant. Les gens ont très bien compris le confinement. Bien sûr, parfois, ils sortent, mais il faut voir la difficulté que cela représente quand les logements sont si exigus. C'est formidable d'engagement. Après, à La Courneuve, je discute avec le maire, Gilles Poux, un homme formidable, élu depuis très longtemps[1], qui me dit : « Je suis quand même inquiet pour les écoles. Je ne sais pas où sont les gamins, mais leurs parents, je sais qu'ils sont à 5 heures du matin dans le métro, parce qu'ils continuent de bosser à Paris. Et si les gamins ne sont pas à l'école, ils ne bouffent pas. Et je ne sais pas comment on va les retrouver… » C'est là que j'ai compris qu'il fallait absolument rouvrir les écoles. Grâce à lui et à quelques autres maires, on a pris cette décision, et on a eu raison.

1. Gilles Poux est maire communiste de La Courneuve depuis 1996.

Vous avez donc pris cette décision de portée nationale en vous rendant compte de la situation en Seine-Saint-Denis ?

Oui, car là-bas, tant de difficultés sont concentrées que si on ne remet pas les moteurs, on n'y arrive pas. Ce département a un rôle de cœur, en quelque sorte. En plus, ce que je trouve fascinant, c'est que la Seine-Saint-Denis a une histoire sensible et française géniale : tous les rois de France se retrouvent là. Il y a là un entrelacs absolument extraordinaire de notre histoire.

Quels sont les autres territoires que vous affectionnez ?

J'aime les marches du pays, les marches de l'Est, leurs grandes forêts comme leurs villages. Ce sont des terres où l'on ressent les difficultés des classes moyennes. Elles ont gardé dans leur ADN la difficulté des temps. Les gens ont un caractère très résilient. Je ne peux pas dire mieux : la géographie imprime et laisse quelque chose. L'histoire fait les gens. Dans les marches de l'Est, il y a cet attachement à l'histoire, cet attachement au pays. Sur ma carte du Tendre du quinquennat, il y a tout ce qu'on a fait avec l'itinérance mémorielle[1]. Revenir sur ces terres qui ont essuyé la Grande Guerre, la Seconde Guerre mondiale, puis la désindustrialisation dont je parlais a été très fort, avec des gens extraordinairement courageux, qui ont l'industrie dans le sang – pour beaucoup, les grands-pères descendaient à la mine ou travaillaient dans la sidérurgie.

Il y a d'autres lieux comme ça que j'aime. La Bretagne : je me rends souvent dans le Finistère, notamment chez mon ami Richard Ferrand[2]. Là, les gens me parlent, même comme président, et me disent ce qu'ils vivent et ce qu'ils comprennent. J'aime également le Puy-de-Dôme : près de Clermont-Ferrand, au lac Chauvet, il y a ces terres d'industrie, d'élevage, où mon ami

---

1. Du 5 au 11 novembre 2018, le président a parcouru les lieux marquants de la Grande Guerre à l'occasion du centenaire du conflit.
2. Le président de l'Assemblée nationale est député du Finistère depuis 2012.

Charasse[1] me disait ses vérités, et où j'ai quelques amis chers.

De nombreux observateurs trouvent que la France est devenue illisible. Mais si on se réfère à son histoire et à sa géographie, cela ne semble pas être le cas. À vous écouter, vous vous y retrouvez…

Totalement. Après, il s'agit peut-être d'une géographie personnelle, d'une somme complexe. Il y a des plis, certains sont cachés. Je ne dis pas que la France se lit à livre ouvert. Mais il ne s'agit pas d'un pays de polders ! *(Rires.)* Lors de mes déplacements, je prends avec moi ces cartes de géographie en relief. *(On lui apporte un dossier posé sur son bureau.)* Quand on prend ces cartes, établies suivant un procédé ancien, on comprend un territoire immédiatement. *(Il montre la carte des Hautes-Pyrénées, autour d'Argelès-Gazost.)* Ici, on voit surgir une immense montagne, mais cet exemple est peut-être trop évident. Maintenant,

1. Michel Charasse (1941-2020), homme de gauche, ancien ministre du Budget et sénateur du Puy-de-Dôme.

si on parle de la Haute-Saône ou du Territoire de Belfort *(il en montre la carte)*, en considérant le relief, on comprend Belfort, Vesoul… Après, il y a la Bourgogne, une terre de marchands, de commerce et d'échanges, qui a été structurée par les grandes foires. Les gens y raisonnent comme des Flamands. Ce sont des commerçants, ils sont dans les étoffes et le vin, mais ils sont très différents des Bordelais… Vers la Haute-Saône, les terres ont été balayées par les conquêtes et les reconquêtes, avec des lieux qui ont été pris, repris… entre les différents duchés, royaumes et autres. Et ce sont des terres d'industrie, avec des sédentaires qui ont résisté aux guerres et aux invasions. Rien à voir avec le commerce. Je suis attaché à tous ces territoires, à leur histoire et à leur géographie. Vous leur parlez et vous les comprenez. Alors, non, notre pays n'est pas devenu illisible. La plus belle métaphore de cette histoire, c'est le Tour de France cycliste.

Vous continuez à y aller chaque année ?

J'y vais à chaque fois : j'adore.

Que ressentez-vous justement devant ces foules ?

Il me semble que les spectateurs trouvent là un prétexte pour redécouvrir la France. Les gens retrouvent des coins de route, ils se nichent partout. Je trouve cela génial. Beaucoup de Belges et de Néerlandais continuent à venir, des Espagnols aussi, des Slovènes maintenant. Il y a là encore une géographie sensible, celle des exploits insensés, des victoires dans les Alpes, des contre-la-montre endiablés, des drames du mont Ventoux. La mythologie de la nationale 7 et tant d'autres.

Quand vous vous rendez sur le Tour en tant que président, comment vivez-vous ces moments ?

Je les vis comme spectateur, pas comme président, même si je remets le maillot jaune à un coureur. Il faut toujours être vigilant : ne pas voler les moments sportifs. Les gens sont là pour les cyclistes. Certains sont contents de me voir, d'autres n'en ont aucune envie ! *(Rires.)* Certains peuvent penser qu'il y a malice et que je viens prendre une partie de la gloire des cyclistes. Il faut se montrer plutôt discret. Par contre, je ne cache pas mon bonheur de voir une étape. Même si être dans la voiture du directeur de l'épreuve est la moins bonne manière de voir la course… On la voit mieux à la télé. Mais il y a l'adrénaline, la vitesse, le paysage qui défile et les amitiés nouées à travers le temps. C'est un formidable compagnonnage. Dans les Pyrénées, ce sont de belles étapes. J'ai encore le souvenir d'une descente vers Luchon où Froome scellera sa victoire dans le Tour.

Ce sont des souvenirs d'enfance, des souvenirs sensibles, des souvenirs littéraires aussi, avec Antoine Blondin[1], que j'ai lu après-coup. Je trouve que le directeur du Tour, Christian Prudhomme, exerce l'un des plus beaux métiers qui soient : tout le monde le drague ! Le Tour offre une vraie carte sensible du pays, avec des pères qui aiment le vélo, des Français qui adorent redécouvrir des paysages. Ce sont aussi de grands moments d'héroïsme sportif. Je pense à Poulidor, qui avait continué la

1. Auteur, notamment, de *Sur le Tour de France*, Paris, Mazarine, 1979.

course alors qu'il était blessé. À Sainte-Marie-de-Campan, il y a encore la fourche de vélo d'Eugène Christophe, qu'il avait reforgée lui-même[1]. Je trouve ça génial. C'est un de ces moments où vous pouvez embrasser le pays et ses paysages. Et l'un de mes projets, c'est de faire ainsi, avec des artistes contemporains, un grand Tour de France des paysages et des œuvres d'art, en leur demandant de se les réapproprier…

Vous avez entrepris tout un travail sur la mémoire, avec des recherches historiques sur nos actions en Algérie, et, plus récemment, au Rwanda[2]. Quel regard souhaiteriez-vous que la France porte sur son passé ?

Je pense d'abord que les Français ont besoin de porter sur lui un regard lucide et décomplexé. Je ne suis pas du tout dans la repentance. Mais je pense

---

1. Lors de l'édition du Tour de 1913, le coureur avait dû procéder seul aux réparations pour respecter le règlement.
2. Travail qui s'est traduit par la remise en janvier 2021 du rapport Stora, pour l'Algérie, et en mars 2021 du rapport Duclert, pour le Rwanda.

que nous avons la possibilité de revoir notre histoire dans la durée. Le général de Gaulle a été un grand spécialiste de cet exercice. Ce sont ses grands coups de génie : à la Libération, après avoir descendu les Champs-Élysées, il se rend à l'Hôtel de Ville et explique aux Parisiens qu'ils ont, seuls, libéré la France. Il fallait cela pour que le pays tienne. De Gaulle a eu cette prescience. Et nous avons tous fait semblant d'y croire. Mais cela conduit à avoir « un passé qui ne passe pas », comme le dit l'historien Henry Rousso[1]. Il nous a fallu des décennies pour reconnaître notre responsabilité dans la rafle des Juifs, parce que nous savons tous que les Français n'ont pas été que des maquisards.

Pour moi, le plus grand acte de courage politique du général de Gaulle fut l'arrêt de la guerre d'Algérie : il le fait contre beaucoup de ses proches, contre son camp, contre l'armée. Je me figure très souvent la force de caractère qu'il lui a fallu pour décider cela. Après, il n'a pas d'autre choix que de

1. Henri Rousso, *Le syndrôme de Vichy*, Paris, Seuil, 1987.

refermer tout de suite la chape. Nous avons ainsi des mémoires brisées, humiliées, irréconciliables : les pieds-noirs, les harkis, les militaires, les appelés, les Algériens issus de l'immigration… Notre pays a besoin, pour vivre sereinement, de bâtir un récit commun et de poser des actes reconnaissant toutes ces vies, toutes ces mémoires. Jacques Chirac a essayé par d'autres voies, avec un traité d'amitié, mais une bronca l'a empêché d'avancer[1]. Moi, je n'appartiens pas à cette génération. Et il faut agir, parce que plus de dix millions de nos concitoyens vivent parfois douloureusement dans la mémoire de cette histoire partagée.

D'où le rapport de l'historien Benjamin Stora sur la mémoire de la colonisation et de la guerre d'Algérie ?

Il faut reconnaître toutes ces parts de mémoire et les replacer dans une histoire commune. C'est pourquoi j'ai fait appel à Benjamin Stora.

1. Annoncé en 2003, le projet échoua en 2005 en raison du vote de la loi poussant à l'enseignement des aspects positifs de la colonisation (alinéa plus tard abrogé), et de l'exigence de repentance du gouvernement algérien.

Il propose un chemin de travail, d'actions, d'actes[1]. Ce sont des gestes de reconnaissance. Ce n'est ni une politique de repentance, ni une politique de déni, c'est une politique de reconnaissance. J'y crois beaucoup. C'est très ricœurien, d'ailleurs. L'islamologue Rachid Benzine en parle beaucoup[2]. Il s'agit d'accepter que nous sommes vus comme humiliants – moi-même, j'ai été perçu comme tel – parce que nous ne reconnaissons pas les mémoires singulières, les voix individuelles, les parts de destins singuliers présentes dans la société. Cela ne veut pas dire qu'on nie l'unité de celle-ci, au contraire. J'en suis dépositaire et j'y suis attaché. Mais nous n'aurons pas un rapport pacifié à nous-mêmes si nous ne parvenons pas à remettre sur la table la question de la guerre d'Algérie.

1. Le rapport propose, entre autres, l'inauguration de monuments ou de lieux de mémoire, ou encore la panthéonisation de Gisèle Halimi.
2. Figure de l'islam libéral français, chercheur associé au fonds Paul-Ricœur.

L'un des moments importants de ce travail fut la reconnaissance de la torture et de l'assassinat d'Ali Boumendjel[1]. Il y a eu un crime puis un déni terrible. Quand j'ai annoncé ce geste, ses enfants et surtout ses petits-enfants m'ont donné une leçon de France. C'est une génération qui s'est réfugiée chez nous au moment du FIS[2]. La France a tué leurs grands-pères, puis a été un pays d'asile pour certains de leurs parents. Eux qui ont grandi ici, une fois qu'ils ont compris cette histoire familiale, ils ne savaient plus quelle était leur patrie. Ils avaient toutes les raisons de haïr la France, et ils ont décidé de l'aimer. La reconnaissance, c'est cela. J'ai reconnu que nous avions torturé et assassiné leur grand-père – et vraisemblablement les beaux-frères et beaux-pères de celui-ci. C'est tout ce travail qu'il faut continuer.

1. Une recommandation du rapport Stora suivie le 2 mars dernier par le président.
2. Le Front islamique du salut, dont la dissolution en 1992, après l'annulation, en 1991, des élections qu'il était en passe d'emporter, marque le début de la guerre civile algérienne, qui prit fin en 2002.

Et reconnaître également tout ce que les pieds-noirs et les harkis ont subi.

Quelle est votre motivation profonde ?

Pour moi, c'est la définition même du rôle du président de la République : retrouver à chaque instant les raisons fondamentales, existentielles, pour lesquelles nous avons décidé de vivre ensemble. Et donc, dans un premier temps, nous faisons ce travail pour ceux qui ont vécu la guerre d'Algérie, qui est devenue la matrice de ces traumatismes. Ensuite, je pense que ce mouvement doit s'opérer à l'égard de toutes les diasporas africaines. C'est ainsi que les millions de Français et de Françaises seront reconnus comme riches de leurs origines, de leurs histoires familiales, comme rendant la France plus grande encore. Voilà ce que peut être cette voie médiane de la reconnaissance, qui n'est ni le déni, ni la repentance.

Que suppose cette voie médiane ?

De reconnaître notre histoire en Afrique, qui fut celle de l'esclavage, du commerce triangulaire

– comme ce fut le cas pour nombre d'autres puissances à la même époque –, puis du colonialisme. Et de replacer ce colonialisme dans la manière dont il a été pensé et voulu. À la fin du XIXe siècle, c'était un colonialisme qui s'est voulu universaliste. Notre histoire avec l'Afrique, avec nos enfants issus de ce continent et de ces terribles histoires familiales, de ces blessures, ce n'est pas celle du monde anglo-saxon. C'est pourquoi nous ne pouvons pas la penser dans les mêmes termes que les Anglo-Saxons. Nous devons regarder en face notre passé, en construire le récit commun et œuvrer chaque jour concrètement pour l'égalité des chances. Je ne crois pas une seconde à la dislocation de notre histoire en faisant de la France une addition de minorités ou de ressentiments. Je ne crois pas à l'effacement de notre histoire. Je crois à son apprentissage, à sa recontextualisation, à notre capacité à l'assumer, à la comprendre et à la porter ensemble. En d'autres termes, je souhaite qu'on puisse remettre à la fois la statue de Voltaire et celle du général Dumas, premier général mulâtre, à leur place à Paris[1]. C'est la condition pour dépassionner le sujet pour toutes les immigrations africaines. Pour repenser aussi les diasporas comme une chance qui s'offre à nous de comprendre le continent africain. Je crois beaucoup à cette conversion du regard. Je ne demande pas de renoncer à une identité, jamais. La France, c'est une volonté de chaque jour, ce n'est pas une identité figée. Il faut dire à ces hommes et à ces femmes : « Vous qui êtes là par les cruautés de l'histoire, par la volonté de vos grands-parents, de vos parents ou par la vôtre propre, vous êtes une chance pour notre pays. »

1. La statue de Voltaire, rue de Seine, à Paris, a été retirée en août 2020 à la suite d'un tag. Quant à la statue du général Thomas Alexandre Dumas, fondue par les nazis sous l'Occupation, sa réplique devrait être réinstallée place du Général-Catroux, aux côtés de celles de ses descendants, les écrivains Dumas et Dumas fils.

Est-ce que la réforme de l'ENA vise également à ce que la haute fonction publique appréhende mieux les problèmes de la France et serve mieux notre pays[1] ?

Il fallait mener cette réforme. Mais je n'ai jamais voulu faire de l'ENA un bouc émissaire responsable de tous les maux. Cette école a été conçue après-guerre parce que la nation avait besoin de cadres. Elle a rempli sa mission et permis de former une haute administration de grande qualité, avec des personnes de tous les milieux qui ont véritablement permis de rebâtir le pays. Mais, là aussi, ce qui l'a anesthésiée, ce sont les corporatismes. La maladie de la France n'est pas la bureaucratie ni le centralisme, ce sont les corporatismes. C'est-à-dire des intérêts qui protègent l'entre-soi. L'ENA a permis aux corporatismes de se reconstituer. Chaque ministère a reconstruit ses carrières, ses prés carrés, ses herses, et les gens n'ont plus circulé. L'accession à un grand

1. Le 8 avril 2021, Emmanuel Macron a annoncé la suppression de l'ENA, qui sera remplacée par un Institut du service public.

corps, le passage en cabinet ministériel, étaient les seules façons d'accélérer les carrières. Tout s'est progressivement ossifié. Au concours, la maîtrise de la langue anglaise et la culture générale – une matière que j'ai enseignée à l'ENA pendant six ans – ont été des instruments de sélection sociale.

Avec quelles conséquences ? Une coupure entre les élites et les citoyens ?

Aujourd'hui, à l'ENA, vous avez beaucoup moins d'élèves fils d'ouvriers, d'agriculteurs, ou appartenant aux classes populaires qu'il y a cinquante ans. Dans notre pays, quand on vient d'un milieu populaire, et plus encore quand on est issu de l'immigration, il faut cinq à six générations pour accéder ne serait-ce qu'au milieu de l'échelle sociale. C'est énorme et, pour tout dire, décourageant. On doit sélectionner différemment, s'ouvrir à des publics plus divers, rassembler dans un tronc commun treize écoles du service public.

1. Sont concernées : l'ENA, l'INET, l'ENM, l'EHESP, l'EN3S, l'ENSP, l'ENAP, quatre écoles d'application de Polytechnique, l'EOGN et l'ENS.

On fera une école bien plus ouverte à la recherche. Il est nécessaire de forger les honnêtes hommes du XXIe siècle – au sens générique du terme. Nous devons donc enseigner différemment, proposer des cours d'histoire de l'art, avoir des gens qui sachent parler avec des savoirs académiques. Car c'est de cela que nous avons besoin. Face à une crise, il vous faut des gens qui ont certes des réflexes managériaux, mais qui savent aussi pénétrer la complexité d'une discipline : on leur demande d'interagir avec des chercheurs venant d'horizons très variés, de faire la synthèse de leurs connaissances et de prendre des décisions sur la base d'une information complète. Pour cela, il faut s'ouvrir davantage au monde académique et à la recherche. Je veux que ce nouvel Institut travaille en partenariat avec les universités, qu'il soit bien plus européen dès le début. Je veux que nous en fassions une école d'excellence, qui révèle les capacités pour conduire à celle-ci par la formation.

À la sortie, il y aura bien un classement – je suis toujours favorable à la méritocratie –, mais il ne devra pas déterminer tout le reste de la carrière.

Il n'y aura plus d'accès aux grands corps directement. Au bout de cinq ou six ans, il y aura d'autres processus de sélection qui permettront d'accéder qui à des inspections, qui à des juridictions. Mais on ne sera plus nommé préfet ou ambassadeur à vie, on le sera le temps de l'exercice de la mission. C'est la fin d'un corporatisme. Derrière, on devra mettre en place une vraie gestion des ressources humaines, pour que chacun fasse une carrière selon ses mérites.

Quel rapport entretenez-vous avec la langue française et pourquoi le dictionnaire de votre grand-mère représente-t-il tant pour vous ?

Ce petit dictionnaire est toujours avec moi. Il a accompagné mon enfance, mon adolescence. J'y ai appris notre langue et ses subtilités, mais aussi à me perdre. J'ai toujours perdu énormément de temps dans les dictionnaires. Plus tard, j'ai utilisé celui d'Alain Rey, disparu il y a peu, un *Dictionnaire historique et étymologique de la langue* en deux tomes.

---

1. Lexicographe rédacteur en chef des publications des Dictionnaires Le Robert, Alain Rey est décédé le 28 octobre dernier. Auteur du *Dictionnaire*

C'est un voyage formidable. J'adore la sonorité des mots. L'imaginaire s'y perd. J'aime la science exacte des mots, les petites différences, choisir les bons termes. Et puis, il y avait également chez ma grand-mère le *Littré*, en plusieurs tomes, que j'ai d'ailleurs toujours avec moi.

La langue, c'est la liberté. La langue et l'État ont fait la nation française. Nous sommes le seul pays au monde où cela s'est passé ainsi. C'est pourquoi j'ai choisi Villers-Cotterêts pour établir la nouvelle Cité internationale de la langue française[1]. Il y a eu cette intuition géniale pour l'administration, d'abord. Et puis, toujours, des soubresauts où le français s'impose face au patois. Je suis assez détendu sur ce sujet. La langue est

historique et étymologique de la langue française, Paris, Le Robert, 2016.

1. Cet espace pluridisciplinaire, destiné à « stimuler la recherche et le débat d'idées sur la langue française », devrait s'installer en mars 2022 dans le château rénové de la ville où fut édicté, en août 1539, le plus ancien texte législatif encore en vigueur en France : l'ordonnance faisant du français la langue officielle de l'administration et du droit.

une espèce de grand fleuve avec des affluents qu'il faut respecter. J'adore les Créoles qui trouvent dans la langue française des expressions que nous n'avons pas. Je lisais dernièrement le *Dictionnaire des francophones*[1], dont j'ai voulu la réalisation il y a deux ans. Les Rwandais emploient le mot « techniquer ». C'est combiner, essayer de se débrouiller, en référence à l'anglais *technicality*. Les Rwandais voyagent entre le français et l'anglais en permanence. Ils enrichissent la langue.

Pour moi, est Français celui qui habite notre langue. Nous sommes, par elle, un pays d'hospitalité. C'est ce qui fait que nous sommes un pays-monde. L'épicentre de notre langue est du côté du fleuve Congo. Ensuite, la langue est toujours réinventée. Quand vous la maîtrisez, il n'y a plus de solitude. On a la possibilité de la dire, donc de nommer, de mettre le juste mot sur un sentiment. Beaucoup du malheur du monde et du malheur des gens – la phrase de Brice Parain

1. Dictionnaire collaboratif et numérique, URL: <https://www.dictionnairedesfrancophones.org/>.

si souvent prêtée à Camus – est de ne pouvoir nommer les choses, de ne pas avoir été aidé pour avoir la capacité de le faire.

Propos recueillis par
Éric Fottorino et François Vey

Ses œuvres cultes

Le Rouge et le Noir, de Stendhal

« Ce roman dit beaucoup de notre pays et de ses tensions, de l'Europe… Stendhal est sans doute mon romancier préféré. C'est la liberté, la vie mélangée au roman, cette France du Doubs. J'aime cette tension qu'il y a entre le classicisme et le romantisme. L'épopée napoléonienne mariée à l'individualisme extrême. »

René Char

« J'aime tout Char. C'est le poète qui m'a le plus accompagné. J'ai toujours eu un livre de lui avec moi. Ses poèmes d'amour. Le recueil *Fureur et mystère*, les fragments des *Feuillets d'Hypnos.* »

Des Picasso

« J'ai toujours des cartes postales d'œuvres d'art qui me sont chères : j'ai gardé deux ou trois Picasso que j'aime beaucoup. Picasso m'a toujours accompagné. J'aime plutôt les portraits de Jacqueline, j'aime bien cette période ; j'aime bien aussi la période Dora Maar. Il y a un portrait d'elle qui est sublime. J'aime aussi ses sculptures, et il y en a une d'ailleurs à l'Élysée. Elles sont de cette période où il quitte Dora et fait ces femmes éclatées… »

Anselm Kiefer

« Plus récemment, j'ai beaucoup cheminé avec Kiefer pour le Panthéon. Les œuvres qu'il a faites pour ce lieu sont géniales, extraordinaires. On a beaucoup travaillé sur cette opération. Et lui, pour le coup, m'a particulièrement obsédé. Toute la période où il habite chez Paul Celan est géniale. »

D'autres poètes : Apollinaire, Baudelaire, Rimbaud

« J'ai passé beaucoup de temps avec Rimbaud, avec Baudelaire aussi. Et, à l'école, j'aimais Apollinaire, cette âme triste. J'adore le personnage d'Apollinaire, la cruauté de sa vie. Et j'aime, dans sa poésie, cette espèce de syncope permanente. J'ai connu les paysages du Rhin par Apollinaire, cela ne m'a jamais quitté. J'ai toujours dans la tête *La Loreley*, *Mai*… Il a fait, pour moi, une géographie sensible. Je trouve son rapport à l'amour et à la mort d'une vérité… »

Table des matières

Chez le même éditeur
(extrait)

Razika Adnani, Jean-Louis Bianco, Latifa Ibn Ziaten, avec José Lenzini, *Laïcité et islam, mission possible ?*

Bilel Ainine, Xavier Crettiez, « *Soldats de Dieu* ». *Paroles de djihadistes incarcérés*

Jean Claude Ameisen, avec Nicolas Truong, *Les chants mêlés de la Terre et de l'Humanité.* Illustrations de Pascal Lemaître

Vincent Aubelle, Émeric Bréhier, Jean-Paul Planchou, *Comment fonder la République décentralisée ?*

Christian Auboyneau (dir.), *Le seul progrès qui vaille, c'est l'accès au bonheur*

Nathalie Bastianelli, *Quand la Chine s'éveille verte…*

Tahar Ben Jelloun, *Un pays sur les nerfs*

Jean-François Bernardini, *L'autre Enquête corse*

Laurent Berger, avec Denis Lafay, *Au boulot !*

Laurent Berger, avec Denis Lafay, *Quelle société veut-on ?*

Eva Bester, avec Jérémie Peltier, *Une époque mélancolique ?*

Lucien Bianco, *La révolution fourvoyée. Parcours dans la Chine du xxe siècle*

Jean Blaise, Jean Viard, avec Stéphane Paoli, *Remettre le poireau à l'endroit*

Pierre Brémond, *Brèves de sport*

Antoine Bristielle, *À qui se fier ?*

Albert Camus, *La vie libre.* Illustrations de Pascal Lemaître

Isabelle Cassiers, Kevin Maréchal, Dominique Méda (dir.), *Vers une société post-croissance*

Samuel Chalom, Dominique Vidal, *Portraits d'une France à deux vitesses*

Sophie Chabanel, *Maraudes littéraires*

Bernard Chevassus-au-Louis, *Biodiversité : voir la vie autrement*

Pierre Clastres, *Archéologie de la violence. La guerre dans les sociétés primitives*

Daniel Cohen, *Contre la solitude sociale*

Pierre Conesa, *Guide du paradis. Publicité comparée des Au-delà* (existe en version illustrée par Pascal Lemaître)

Jonathan Curiel, *La société hystérisée*

Boris Cyrulnik, *La petite sirène de Copenhague*

Boris Cyrulnik, Edgar Morin, *Dialogue sur la nature humaine* (existe en version illustrée par Pascal Lemaître)

Boris Cyrulnik, Boualem Sansal, avec José Lenzini, *L'impossible paix en Méditerranée*

Boris Cyrulnik, Tzvetan Todorov, avec Nicolas Truong, *La tentation du Bien est beaucoup plus dangereuse que celle du Mal*
Julien Damon, *Qui dort dehors ?*
Julien Damon, *Inconfinables ? Les sans-abri face au coronavirus*
Caroline Dayer, *Sous les pavés, le genre*
Caroline Dayer, *Le pouvoir de l'injure*
Pascal Dibie, *Quelques pistes pour sentir venir le fascisme avant qu'il ne s'impose*
Pierre-Antoine Donnet, *Chine, le grand prédateur*
Pierre-Antoine Donnet, *Le leadership mondial en question*
Bertrand Duccini, *Djihadisme, une pornographie de la violence*
Éric Dupond-Moretti, avec Denis Lafay, *Le droit d'être libre*
François Durpaire, Béatrice Mabilon-Bonfils, *Fatima moins bien notée que Marianne… L'islam et l'école de la République*
Mahaut Fanchini, *Tous pourris ? Les politiques face à la justice*
Ismail Ferhat, *Des discriminations sous-estimées ?*
Jérôme Fourquet, *Accueil ou submersion ? Regards européens sur la crise des migrants*
Nicolas Goarant, *Le sommeil malmené*
Martin Gray, avec Mélanie Loisel, *Ma vie en partage*
Flora Ghebali, *Ma génération va changer le monde*
Salah Guemriche, *Chroniques d'une immigration choisie*
Laurence Hansen-Løve, *Simplement humains*

Malika Hamidi, *Un féminisme musulman, et pourquoi pas ?*
Ghada Hatem-Gantzer, avec José Lenzini, *Aux pays du machisme ordinaire*
Adeline Hazan, Adrien Taquet, *La prison, alpha et oméga de la punition ?*
Françoise Héritier, avec Caroline Broué, *L'identique et le différent*
Stéphane Hessel, avec Gilles Vanderpooten, *Engagez-vous !*
Stéphane Hessel, avec Edgar Morin et Nicolas Truong, *Ma philosophie*
François Hollande, Edgar Morin, avec Nicolas Truong, *Dialogue sur la politique, la gauche et la crise*
Patrick d'Humières, *Le réveil de la pensée européenne*
François Jullien, avec Nicolas Truong, *Pourquoi il ne faut plus dire « je t'aime »*. Illustrations de Pascal Lemaître
Valérie Jousseaume, *Plouc Pride. Un nouveau récit pour les campagnes*
Thierry Keller, Arnaud Zegierman, *Entre déclin et grandeur*
Vincent Aubelle, Samuel Bosc, Georges Képénékian (dir.), *Hippocrate et les territoires*
Étienne Klein, avec Denis Lafay, *Sauvons le Progrès*
Smaïn Laacher, *Ça me pèse. Obésité et corps embarrassant*
Smaïn Laacher, *Juger la terreur*
Smaïn Laacher, *Le fait migratoire et les sept péchés capitaux*
Philippe Lacoue-Labarthe, Jean-Luc Nancy, *Le mythe nazi*
Denis Lafay (dir.), *Maintenant, on fait quoi ?*
Denis Lafay (dir.), *Éloge de la fragilité*

Denis Lafay (dir.), *Pour une véritable communauté humaine*
Hervé Le Bras, *Le grand enfumage. Populisme et immigration dans sept pays européens*
Hervé Le Bras, *Serons-nous submergés ? Épidémie, migrations, remplacement*
Hervé Le Bras, *Se sentir mal dans une France qui va bien*
Hervé Le Bras, *Le sol et le sang*
Philippe Lemoine, *Une révolution sans les Français ?*
Roland Lescure, *Nos totems et nos tabous : dépassons-les !*
Raphaël LLorca, *La marque Macron*
Mélanie Loisel, *Ils ont vécu le siècle*
Gilles Luneau, *Steak barbare*
Béatrice Mabilon-Bonfils, Geneviève Zoïa, *La laïcité au risque de l'Autre*
Denis Maillard, *Indispensables mais invisibles ?*
Claire Marin, avec Nicolas Truong, *Vivre autrement*
Noël Mamère, avec Stéphanie Bonnefille, *L'écologie mot à mot*
Gauthier Marchais, *Le déni blanc. Penser autrement la question raciale*
Claude Martin, *La diplomatie n'est pas un dîner de gala*
Damon Mayaffre, *Macron ou le mystère du verbe*
Dominique Méda, *Travail : la révolution nécessaire*
David Medioni, *Éloge de la séduction*
David Medioni, *Être en train. Récits sur les rails*
Yves Michaud, avec Denis Lafay, *Aux armes citoyens !*
Arnauld Miguet, *133 jours à Wuhan avec un chien, un chat et la peur au ventre*

François Miquet-Marty (dir.), *Réinventons le progrès !*
Robert Misrahi, avec Denis Lafay, *Petit manuel de bonheur à l'usage des entrepreneurs... et des autres.* Illustrations de Pascal Lemaître
Danielle Mitterrand, avec Gilles Vanderpooten, *Ce que je n'accepte pas*
Nicolas Monceau, *Turquie : un dilemme européen ?*
Chloé Morin, *Les inamovibles de la République*
Chloé Morin, Daniel Perron, *Être vieux : relégation ou solidarité ?*
Edgar Morin, Pierre Rabhi, avec Denis Lafay, *Frères d'âme*
Edgar Morin, avec Nicolas Truong, *Attends-toi à l'inattendu*
Edgar Morin, *Culture et barbarie européennes*
Edgar Morin, *L'entrée dans l'ère écologique*
Edgar Morin, avec Denis Lafay, *Le temps est venu de changer de civilisation.* Illustrations de Pascal Lemaître
Edgar Morin, *La Marseillaise.* Illustrations de Pascal Lemaître
Edgar Morin, *Où est passé le peuple de gauche ?*
Edgar Morin, *L'esprit du temps*
Anne Muxel, *Politiquement jeune*
Gérard Noiriel, avec Nicolas Truong, *Les Gilets jaunes à l'épreuve de l'histoire*
Fabrice Olivet, *Au risque de la race*
Erik Orsenna, *Les vérités fragiles* (existe en version illustrée par Pascal Lemaître)

Serge Paugam, *Vivre ensemble dans un monde incertain*
Daniel Perron, *La forêt française*
Pascal Picq, avec Denis Lafay, *Crise, et si c'était notre chance ?*
Pascal Picq, avec Denis Lafay, *S'adapter ou périr. Covid-19 : faire front*
Pascal Picq, avec Denis Lafay, *Une époque formidable*
Sandrine Prévot, *L'Inde, une société de réseaux*
Sandrine Prévot, *Inde. Comprendre la culture des castes*
Alexandra Profizi, *Le temps de l'ironie*
Sarah Proust, *Télétravail : la fin du bureau ?*
Pierre Rabhi, *La part du colibri* (existe en version illustrée par Pascal Lemaître)
Pierre Rabhi, avec Denis Lafay, *J'aimerais tant me tromper*. Illustrations de Pascal Lemaître
Hubert Reeves, *Parmi des millions.* Illustrations de Pascal Lemaître
Hubert Ripoll, *L'oubli pour mémoire*
Iannis Roder, *Prof, mission impossible ?*
Pierre Rondeau, *Fin de partie pour le foot ?*
Olivier Roy, avec Nicolas Truong, *La peur de l'islam*
Jean-Christophe Rufin, avec Denis Lafay, *Compostelle, en Chemin vers soi.* Illustrations de Pascal Lemaître
Laurent-David Samama, *Footporn*
Laurent-David Samama, avec Jérémie Peltier, *Éloge de la défaite*
Marlène Schiappa, *La culture du viol*
Marlène Schiappa, Jérémie Peltier, *Laïcité, point !*
Marlène Schiappa, *Le deuxième sexe de la démocratie*

05 61 43 12 40

Marlène Schiappa, *Une & Indivisible*
Céline Schoen, *Parents de djihadiste*
Robert Solé, *L'envers des mots*
Benjamin Stora, avec Thierry Leclère, *La guerre des mémoires*
François de Singly, *L'individualisme est un humanisme*
Elizabeth Tchoungui, avec Agathe Cagé, *Tout est possible*
Hubert Testard, *Pandémie, le basculement du monde*
Alain Touraine, avec Denis Lafay, *Macron par Touraine*
Michel Troisgros, avec Denis Lafay, *Le plaisir de faire plaisir*
Nicolas Truong (dir.), *Résistances intellectuelles*
Nicolas Truong (dir.), *Résister à la terreur*
Nicolas Truong (dir.), *Le crépuscule des intellectuels français*
Nicolas Truong (dir.), *Philosophie de la marche*
Nicolas Truong (dir.), *Les penseurs de l'intime*
Adèle Van Reeth, *Vivre et revivre encore*
Agnès Vannouvong, *C'est quoi ton genre ?*
Pierre Veltz, *La France des territoires : défis et promesses*
Pierre Veltz, *Paris, France, monde*
Jean Viard, *La révolution que l'on attendait est arrivée*
Jean Viard, *La page blanche*
Jean Viard, *Le sacre de la terre*
Jean Viard, *Un nouvel âge jeune ?*
Jean Viard, *Le triomphe d'une utopie*
Jean Viard, *Nouveau portrait de la France*
Guillaume Villemot, *Quand le mépris devient la règle*
Olivier Weber, *Si je t'oublie Kurdistan*

Olivier Weber, *Massoud, le rebelle assassiné*
Patrick Weil, *Être français* (existe en version illustrée par Pascal Lemaître)
Jean Ziegler, avec Denis Lafay, *Les murs les plus puissants tombent par leurs fissures*

Retrouvez notre catalogue sur
www.editionsdelaube.com

Pour limiter l'empreinte environnementale de leurs livres,
les éditions de l'Aube font le choix de papiers
issus de forêts durablement gérées et de sources contrôlées.

Achevé d'imprimer en janvier 2022
sur les presses de l'imprimerie Bussière
pour le compte des éditions de l'Aube
331, rue Amédée-Giniès, F-84240 La Tour d'Aigues

Numéro d'édition : 4889
Dépôt légal : février 2022
Numéro d'impression : 2062205

Imprimé en France